从文明古国
迈向文化强国

王学斌 / 著

人民出版社

从文明古国迈向文化强国(代序)

　　文化是国家和民族之魂,也是国家治理之魂。习近平总书记在党的二十大报告中明确提出,推进文化自信自强,铸就社会主义文化新辉煌,并强调"要坚持马克思主义在意识形态领域指导地位的根本制度,坚持为人民服务、为社会主义服务,坚持百花齐放、百家争鸣,坚持创造性转化、创新性发展,以社会主义核心价值观为引领,发展社会主义先进文化,弘扬革命文化,传承中华优秀传统文化,满足人民日益增长的精神文化需求,巩固全党全国各族人民团结奋斗的共同思想基础,不断提升国家文化软实力和中华文化影响力"。这就为文化领域未来五年的工作擘画了明晰的发展方向,部署了具体的工作路径,同时也意味着较之以往,提出了更高的要求。

　　党的二十大报告明确指出,中国共产党的中心任务就是团结带领全国各族人民全面建成社会主义现代化强国、实现第二个百年奋斗目标,以中国式现代化全面推进中华民族伟大复兴。毫无疑问,如果没有遵循中国特色社会主义文化发展道路,没有增强文化自信,就没有社会主义文化繁荣发展,也就没有社会主义现代化。因此,文化建设绝非自说自话、孤芳自赏,唯有将其置于实现中华民族伟大复兴的进程中、推进中国式现代化的历程中、统筹党和国家事业各领域各方面各环节过程中和铸就社会主义文化新辉煌的全程中,才能充分发挥其作用,实现其目标。

推进文化自信自强,旨在增强实现中华民族伟大复兴的精神力量。中华民族伟大复兴,是中华民族有史以来全方位迈向富强、繁荣、幸福、统一的至高至大至远至善之宏愿。达致此目标,我们须清醒认识到,中华民族伟大复兴绝不是轻轻松松、敲锣打鼓就能实现的,前进道路上仍然存在可以预料和难以预料的各种风险挑战;必须清醒认识到,我国仍处于并将长期处于社会主义初级阶段,我国仍然是世界上最大的发展中国家,社会主要矛盾是人民日益增长的美好生活需要和不平衡不充分的发展之间的矛盾。因此习近平总书记强调,以咬定青山不放松的执着奋力实现既定目标,以行百里者半九十的清醒不懈推进该宏愿。在文化领域,"一个国家、一个民族的强盛,总是以文化兴盛为支撑的,中华民族伟大复兴需要以中华文化发展繁荣为条件"。申言之,中华民族伟大复兴需要以文化固本铸魂。实现中华民族伟大复兴,这是一项前无古人的伟大事业,其任也重,其道也远。作为一国之脉、民族之魂,文化的创新与繁荣必不可少。必须坚持中国特色社会主义文化发展道路,增强文化自信,围绕举旗帜、聚民心、育新人、兴文化、展形象建设社会主义文化强国,发展面向现代化、面向世界、面向未来的,民族的科学的大众的社会主义文化,激发全民族文化创新创造活力。

推进文化自信自强,意在为推进和拓展中国式现代化锻造精神护翼。习近平总书记在报告中指出,在新中国成立特别是改革开放以来长期探索和实践基础上,经过党的十八大以来在理论和实践上的创新突破,我们党成功推进和拓展了中国式现代化。尤为值得关注的是,中国式现代化是物质文明和精神文明相协调的现代化,其本质要求之一即丰富人民精神世界。可见中国式现代化，是物质文明和精神文明均衡发展、相互促进的结果，二者犹如鸟之双翼，不可或缺。况且自古以来，中华文明历来倡导把人的精神生活纳入人生和社会理想之中，这也佐证了基于自己国情的中国式现代化，一定是物质文明和精神文明比翼齐飞的发展过程。这就是党中央在《中共中央关于制定国民经济和社会发展第十四个五年规划和二〇三五年远景目标的建议》中明确提出到2035年建成文化强国的初衷所在。面向未来，首先，我们仍需通过精神文明建设来巩固党的群众基础和执政基础。毕竟精神上丧失群众基础，最后也要出问题，这方面须持久绵绵发力，不断改善老百姓的精神生活，丰富他们的精神世界。其次，我们必须大力弘扬中国精神。这就是以爱国主义为核心的民族精神，以改革创新为核心的时代精神，只有持续增强中国人民的精神力量，才能铸牢凝心聚力的兴国之魂、强国之魂。再次，我们要不断净化社会风气，丰润全国各族人民的道德滋养。邓小平同志早就曾告诫我们：风气如果坏下去，经济搞成功又有什么意义？会在另一方面变质！所以习近平总书记在报告中强调，要"推动明大德、守公德、严私德，提高人民道德水准和文明素养……在全社会弘扬劳动精神、奋斗精神、奉献精神、创造精神、勤俭节约精神，培育时代新风新貌"。

推进文化自信自强，贵在与党和国家事业各领域各方面各环节协调共进。未来五年是全面建设社会主义现代化国家开局起步的关键时期，也是推进社会主义文化强国建设、创造光耀时代光耀世界的中华文化的关键时期。进入新发展阶段，统筹推进"五位一体"总体布局、协调推进"四个全面"战略布局，文化是重要内容，必须把文化建设放在全局工作的突出位置，更加自觉地用文化引领风尚、教育人民、服务社会、推动发展。贯彻新发展理念,构建新发展格局,推动高质量发展,文化是重要支点,必须进一步发展壮大文化产业,强化文化赋能,充分发挥文化在激活发展动能、提升发展品质、促进经济结构优化升级中的作用。顺应我国社会主要矛盾的历史性变化,满足人民日益增长的美好生活需要,促进人的全面发展,文化是重要因素,必须深化文化体制改革,扩大优质文化供给,让人民享有更加充实、更为丰富、更高质量的精神文化生活。迎接新一轮科技革命浪潮,推动发展质量变革、效率变革、动力变革,文化是重要领域,必须加快推进文化和科技深度融合,更好地以先进适用技术建设社会主义先进文化,重塑文化生产传播方式,抢占文化创新发展的制高点。应对世界百年未有之大变局和新冠肺炎疫情全球大流行交织影响,在错综复杂国际环境中化解新矛盾、迎接新挑战、形成新优势,文化是重要软实力,必须增强战略定力、讲好中国故事,为推动构建人类命运共同体提供持久而深厚的精神动力。通览报告全文,不难看出文化建设实际上覆盖各项之中,推进"两个结合",需要持续把马克思主义思想精髓同中华优秀传统文化精华贯通起来、同人民群众日用而不觉的共同价值观念融通起来,不断赋予科学理论鲜明的中国特色;全面推进乡村振兴,文化是其中关键一环;加快建设法治社会,须弘扬社会主义法治精神,传承中华优秀传统法律文化;推进祖国统一,要推动两岸共同弘扬中华文化,促进两岸同胞心灵契合……可见,推进文化自信自强,能够为全面建设社会主义现代化国家提供思想保证、舆论支持、精神动力和文化条件。

推进文化自信自强,重在为铸就社会主义文化新辉煌提供多元支撑。仔细研读报告的文化建设板块,不难感受到具体部署条分缕析、精准到位。"建设具有强大凝聚力和引领力的社会主义意识形态"是根本制度保障,"广泛践行社会主义核心价值观"体现党的内在理念价值与精神追求,"提高全社会文明程度"是精神文明建设的重要任务,"繁荣发展文化事业和文化产业"是实现文化强国的具体路径,"增强中华文明传播力影响力"是提升国际话语权与进行良性文明对话的基本保证。五方面部署"存乎中,形于外",各有侧重,且融为一体,支撑着铸就社会主义文化新辉煌之前途。

具有高度文化自觉的中国共产党,既是中国先进文化的积极引领者和践行者,又是中华优秀传统文化的忠实传承者和弘扬者。在长期的奋斗历程中,我们党高扬革命理想、弘扬民族精神、发展先进文化,使中国人民在精神上从被动转为主动,不断坚定文化自信,最终要实现文化自强。"自",就是立足自己的实际,依靠自己的力量,突出自己的特色,走自己的文化发展道路;"强",就是要使我们的文化具有强大的吸引力影响力、强大的活力创造力、强大的实力竞争力。只有文化真正强起来了,才能凝聚起实现中华民族伟大复兴的精神力量。

总而言之,准确把握党的二十大报告中的文化建设部分,务必要秉持"大文化"的理念与格局,以更为宏阔的视野去观照与落实相关要求。正如习近平总书记在参加党的二十大广西代表团讨论时所指出的:"中国走上这条道路,跟中国文化密不可分。我们走的中国特色社会主义道路,它内在的基因密码就在这里,有中华优秀传统文化这个基因。所以我们现在就是要理直气壮、很自豪地去做这件事,去挖掘、去结合中华优秀传统文化,真正实现马克思主义中国化时代化。"我们必须要从一个更高的层面来认识文化、理解文化、把握文化,才能真正做到自信自强。坚信未来的中国特色社会主义文化,必将自信愈满、自强愈盛,新辉煌如期而至。更坚信日积月累后,一个昔日泱泱文明古国必定熔铸为一个未来繁盛的文化强国。

王学斌

2022 年 11 月

目　　录

第一篇　中华文明所系

第二篇　文化强国所需

第三篇　文化根脉所依

第四篇　文化自信所趋

第一篇
中华文明所系

以更深厚的中华文明历史
研究照亮伟大复兴之路

中华民族历史悠久,中华文明源远流长,中华文化博大精深。党的十八大以来,以习近平同志为主要代表的中国共产党人极为重视对中国历史的探究、中华文明的追溯与中华文化的弘扬。尤其自2019年1月2日习近平总书记致中国历史研究院成立的贺信起,党中央多次就相关问题进行专门讨论或作出指示,代表性文献如习近平总书记在教育文化卫生体育领域专家代表座谈会上的讲话(2020年9月22日)、在十九届中央政治局第二十三次集体学习时的讲话(2020年9月28日)、给《文史哲》编辑部全体编辑人员的回信(2021年5月9日)等,以及2022年5月27日下午,十九届中央政治局就深化中华文明探源工程进行第三十九次集体学习。两份信函、两次集体学习和一次座谈,可见以习近平同志为核心的党中央对中华文明历史研究始终念兹在兹、一直高度关注。

"万物有所生,而独知守其根"。认真研读习近平总书记此次讲话,立意深远、信息量大,很明晰地强调了中华文明在当代中国的价值与意义。首先,中华文明甚为重要。它是中华民族独特的精神标识,其蕴含的思想观念、人文精神、道德规范,形塑了中国人思想和精神的内核；是当代中国文化的根基，无论是坚持马克思主义的根本指导思想，还是传承弘扬革命文化，发展社会主义先进文化，皆须从中华优秀传统文化中寻找源头活水，这是我们在世界文化激荡中站稳脚跟、屹立不倒之本；它是维系全世界华人的精神纽带，中华文明属于根植在彼此内心深处共同的精神财富，也是血脉相连、心灵契合的文化基因，可谓全世界华人的共同精神家园；它也是中国文化创新的宝藏，所谓因革损益，与时俱进，贵在于返本变通中赋予旧物新意，当前推进中华优秀传统文化创造性转化、创新性发展，聚焦于把悠久文明里跨越时空、超越国度、富有永恒魅力、具有当代价值的文化精神弘扬起来。其次，中华文明甚为独特。正如习近平总书记所指出的，"在漫长的历史进程中，中华民族以自强不息的决心和意志，筚路蓝缕，跋山涉水，走过了不同于世界其他文明体的发展历程"。中华文明是在中华大地上产生的文明，亲仁善邻、协和万邦是中华文明一贯的处世之道，惠民利民、安民富民是中华文明鲜明的价值导向，革故鼎新、与时俱进是中华文明永恒的精神气质，道法自然、天人合一是中华文明内在的生存理念，"讲仁爱、重民本、守诚信、崇正义、尚和合、求大同"内化为异于其他文明体的精神特质和发展形态。再次，中华文明甚为关键。正因为中华文明植根于中华大地，具有独特文化基因和自身发展历程，且在同世界其他文明交流互鉴中兼容并蓄，故得以持续与时代共进步，葆有旺盛生命力。我们坚定不移走中国特色社会主义道路、实现全面建设社会主义现代化国家的远景目标和实现中华民族伟大复兴的中国梦，都离不开中华文明历史的深入研究，这是阐明中国道路的文化底蕴和理论支撑，亦是"促使世界读懂中国、读懂中国人民、读懂中国共产党、读懂中华民族"的基本依据。申言之，这要求我们要具备敏感且强烈的文明意识与历史自觉，在高远宏阔的文明视阈中来把握中国的道路演进、未来远景、历史使命及与世界文明的关系。

"求木之长者,必固其根本"。中华文明探源工程正是对中华文明起源与早期发展进行多角度、多层次、全方位综合研究的重大项目。长期以来,对于我们引以为荣的 5000 多年的中华文明史,学术界面临众多有待攻关的重大课题:具有悠久历史的中华文明是如何起源的?它经历了怎样的发展历程?为什么会经历这样的发展历程?中华文明的起源与发展有何特点?为什么会形成这些特点?促使文明起源和发展的动力是什么?作为中华文明主要物质内涵的科学技术发明和创造与精神文化发展的具体状况如何?整整 20 年来,几代学者矢志不渝、接续而前,中华文明探源工程等重大工程的研究成果,实证了我国百万年的人类史、一万年的文化史、五千多年的文明史,对中华文明的起源、形成、发展的历史脉络,对中华文明多元一体格局的形成和发展过程,对中华文明的特点及其形成原因等,都有了较为清晰的认识。习近平总书记特意强调,"中华文明探源工程提出文明定义和认定进入文明社会的中国方案,为世界文明起源研究作出了原创性贡献"。当然,尚需清醒认识到,已有成果还是初步的和阶段性的,还有许多重大问题有待破解,比如,因缺乏足够的文字记载,夏代史研究还存在大量空白;又如"三皇五帝"等史前人物,是神话传说还是确有其人?这都需要密切考古学和历史学、人文科学和自然科学的联合攻关,拓宽研究时空范围和覆盖领域。

"下有千岁根,蹙缩如蟠虬"。遵循讲话精神,放眼未来,走向深入的中华文明历史研究,在既有成就基础之上,应着力把中华文明起源研究同中华文明特质和形态等重大问题研究紧密结合起来,注重中国特色、中国风格、中国气派的文明研究学科体系、学术体系、话语体系的建设,为人类文明新形态实践提供有力的学术资源和理论支撑;要坚持守正创新,推动中华优秀传统文化同社会主义社会相适应,从历史和现实、理论和实践相结合的角度深入阐释如何更好坚持中国道路、弘扬中国精神、凝聚中国力量;弘扬中华文明蕴含的全人类共同价值,推动构建人类命运共同体,"讲清楚中国是什么样的文明和什么样的国家,讲清楚中国人的宇宙观、天下观、社会观、道德观,展现中华文明的悠久历史和人文底蕴"。

"源浚者流长,根深者叶茂"。对待中华文明,后人当秉承"不在长江口撒网捕鱼,要到唐古拉山开矿淘金"的原则,如此经年累月后,我们的文明之树将更具无与伦比的包容性和吸纳力,可久可大、永葆青春。

阐明中国道路的深厚文化底蕴

"如果没有中华五千年文明，哪里有什么中国特色？如果不是中国特色，哪有我们今天这么成功的中国特色社会主义道路？我们要特别重视挖掘中华五千年文明中的精华，弘扬优秀传统文化，把其中的精华同马克思主义立场观点方法结合起来，坚定不移走中国特色社会主义道路。"2021年3月22日习近平总书记在福建考察朱熹园时的重要论断尚言犹在耳，2022年5月27日下午，十九届中央政治局第三十九次集体学习又就高度重视的深化中华文明探源工程进行了专门研讨，习近平总书记发表了信息量大且意味深长的长篇重要讲话，强调了中华文明的关键地位、肯定了中华文明探源工程的显著成绩、指明了未来中华文明历史研究的根本目标、提出了继承与弘扬中华优秀传统文化的重点任务。可谓一份新时代深化中华文明研究、增强历史自觉、坚定文化自信的规划蓝图与行动指南。

一、中华文明当代价值的最新概括

党的十八大以来，以习近平同志为主要代表的中国共产党人极为重视对中华文明起源的追溯、特质的提炼、价值的总结。如在2020年9月28日在主持十九届中央政治局第二十三次集体学习时，习近平总书记指出，"考古发现展示了中华文明起源和发展的历史脉络。我国考古发现的重大成就实证了我国百万年的人类史、一万年的文化史、五千多年的文明史……还说明了中华民族和中华文明多元一体、家国一体的形成发展过程，揭示了中国社会赖以生存发展的价值观和中华民族日用而不觉的文化基因。这些重大成就为我们更好研究中华文明史、塑造全民族历史认知提供了一手材料，具有十分重要的政治、文化、社会、历史意义。"在2019年5月15日在亚洲文明对话大会开幕式上，习近平总书记专门就中华文明的特质给予了非常精到的提炼，即"亲仁善邻、协和万邦是中华文明一贯的处世之道，惠民利民、安民富民是中华文明鲜明的价值导向，革故鼎新、与时俱进是中华文明永恒的精神气质，道法自然、天人合一是中华文明内在的生存理念"。对于中华文明的当代价值，习近平总书记更是在多个场合与讲话中反复强调，详加论证，比如早在2014年5月4日北京大学师生座谈会上，他就倡导"中华文明绵延数千年，有其独特的价值体系。中华优秀传统文化已经成为中华民族的基因，植根在中国人内心，潜移默化影响着中国人的思想方式和行为方式。今天，我们提倡和弘扬社会主义核心价值观，必须从中汲取丰富营养，否则就不会有生命力和影响力"。可见，重视中华文明的弘扬与挖掘，毫无疑问是党中央一贯的立场与主张。

仔细研读此次讲话，可以发现围绕中华文明的当代价值有不少最新概括："中华文明源远流长、博大精深，是中华民族独特的精神标识，是当代中国文化的根基，是维系全世界华人的精神纽带，也是中国文化创新的宝藏。"这应是党中央首次对中华文明从四个方面给予概括,既体现了一直以来的基本观点,同时又赋予其新的内涵。"独特的精神标识"意在凸显中华文明的象征意义。其蕴含的思想观念、人文精神、道德规范,形塑了中国人思想和精神的内核,构筑了中国人看待世界、看待社会、看待人生的独特价值体系、文化内涵和精神品质,这是我们区别于其他国家和民族的根本特征,也铸就了中华民族博采众长的文化自信。"当代中国文化的根基"贵在强调中华文明本源作用。无论是坚持马克思主义的根本指导思想,还是传承弘扬革命文化,发展社会主义先进文化,皆须从中华优秀传统文化中寻找源头活水,其所深蕴的文化传统,早已形成了富有特色的思想体系,体现了中国人几千年来积累的知识智慧和理性思辨,这是我国的独特优势,这是我们在世界文化激荡中站稳脚跟、屹立不倒之本。"维系全世界华人的精神纽带"重在体现中华文明的深沉影响。它属于根植在全球华人彼此内心深处共同的精神财富,好比是"根"和"魂"一般,也是血脉相连、心灵契合的文化基因,可谓共同的精神家园。人与人之间的交流,最重要的是心灵沟通。全世界华人要以心相交、尊重差异、增进理解,不断增强文化认同,所凭依的唯有不言自明的中华文明。"中国文化创新的宝藏"仍在焕发中华文明的永恒活力。应当承认,中华文明与社会主义市场经济、民主政治、先进文化、社会治理等还存在需要协调适应的地方。弘扬中华优秀传统文化,要处理好传承和创造性发展的关系,重点做好创造性转化和创新性发展。创造性转化,就是要按照时代特点和要求,对那些至今仍有借鉴价值的内涵和陈旧的表现形式加以改造,赋予其新的时代内涵和现代表达形式,激活其生命力。创新性发展,就是要按照时代的新进步新进展,对中华优秀传统文化的内涵加以补充、拓展、完善,增强其影响力和感召力。

标识是特色,根基是底色,纽带是本色,宝藏是成色,此即中华文明最新概括的内在逻辑所在。

二、中国文明探源工程成绩显著

文明是检验一个国家发展程度的显著标志。中国是有着悠久文明的国家。在世界几大古代文明中,中华文明是几千年来唯一没有中断、延续发展至今的文明。然而曾几何时,谈到中华文明的起源,就不能回避一个问题——中华文明史何以五千年? 一直以来,我们学界缺乏足够的文献信史和考古材料来证明这一时间断限。既是民族之缺憾,更是迫切之重任。

由该问题延伸,便生发出一系列困惑亦需要面对与澄清:中国是世界四大文明古国之一,又是其中唯一未曾中断、延续至今的文明。这一延续至今的文明是如何起源、何时形成的? 它经历了怎样的过程? 有哪些特点? 为何会经历这样的过程? 为何会形成这些特点? 中华文明在世界古代文明发展历史上的地位如何? 自 20 世纪 20 年代中国考古学诞生以来,大量考古发现为研究中国古代文明的历史提供了丰富而宝贵的资料,郭沫若、夏鼐、苏秉琦、李学勤等前辈学者薪火相传、孜孜以求,作出了不可磨灭的贡献。到 2002 年,这一持续探索进入了新的阶段——中华文明探源工程应运而生。该工程的总方针,强调以考古学为基础,多学科联合攻关,在充分吸取前人的研究成果的基础上,对中华文明起源与早期发展进行多角度、多层次、全方位的综合研究,对中华文明的早期历史进行科学的论证,充分揭示早期中华文明的丰富内涵和辉煌成就,回答中华文明形成的时间、地域、过程、原因和机制等基本问题。在此基础上,扩展视野,探讨中华文明与周边地区文明化进程的互动,进而通过与世界其他古代文明的比较研究,总结早期中华文明的特点及其在人类文明发展史上的地位,并进而对人类文明的研究和人类社会发展进程作出中国学者应有的贡献。

一百年的艰辛积累,二十载不懈耕耘,数代学人齐心协力,探源工程冲破了西方学界既有的"文明三要素"(冶金术、文字和城市)的桎梏,根据中国的材料,兼顾其他古老文明的特点,提出了判断进入文明社会标准的中国方案,即:生产发展,人口增加,出现城市;社会分工和社会分化不断加剧,出现阶级;权力不断强化,出现王权和国家。这恰恰符合恩格斯在《家庭、私有制和国家的起源》一书中所提出的"国家是文明社会的概括"经典论断。按照这一标准,探源工程提出,在距今5100年到4300年前,一些文化和社会发展较快的地区相继出现了早期国家,跨入了文明阶段;提出了在距今5500年前,在黄河中下游、长江中下游和辽河流域等地的社会上层之间,形成密切交流,形成了对龙的崇拜、以玉为贵的理念;提出了各个区域文明之间形成了"早期中华文化圈"等一系列很有突破意义的结论。

正基于此,讲话从四个方面对中华文明探源工程给予了充分的肯定:一、中华文明探源工程等重大工程的研究成果,实证了我国百万年的人类史、一万年的文化史、五千多年的文明史;二、中华文明探源工程对中华文明的起源、形成、发展的历史脉络,对中华文明多元一体格局的形成和发展过程,对中华文明的特点及其形成原因等,都有了较为清晰的认识;三、学者们运用生物学、分子生物学、化学、地学、物理学等前沿学科的最新技术分析我国古代遗存,使中华文明探源有了坚实的科技分析依据,拓展了我们对中国五千多年文明史的认知;四、中华文明探源工程提出文明定义和认定进入文明社会的中国方案,为世界文明起源研究作出了原创性贡献。

要之,中华文明探源工程展现了中华文明起源发展历程;实证了中华5000年文明时限;体现了中国学界跨学科交叉合作研究的技术水准;提出了判断进入文明社会标志的中国方案,为探索世界各地文明起源给出了中国式的理论创新,堪称进展甚大,成绩显著。

三、阐明中国道路的深厚文化底蕴

正如2020年9月28日习近平总书记在主持十九届中央政治局第二十三次集体学习时指出的,"考古工作是一项重要文化事业,也是一项具有重大社会政治意义的工作"。成就固然可喜,面向未来,中华文明历史研究当紧扣国家所需、时代脉动与现实工作,为推动全党全社会坚定历史自信、文化自信,增强历史自觉、历史主动提供厚实的学理支撑。

对该问题,讲话包含了四点立意长远的高要求。

第一,就现有成绩而言,"工程取得的成果还是初步的和阶段性的,还有许多历史之谜等待破解,还有许多重大问题需要通过实证和研究达成共识"。坦率地讲,探源工程的最终实现,绝非一朝一夕之事,还存在很多重大课题需要去一一解决,如中华文明的开端、三皇五帝的属性、夏王朝的历史信度等问题目前尚未完全厘清;对一些事关中华文明来路和发展高度的关键性遗址如牛河梁、良渚、陶寺、石家河、二里头、石峁、殷墟、三星堆等,发掘面积还比较有限。

第二,对文明起源和形成的探究是一个既复杂又漫长的系统工程,要加强统筹规划和科学布局,"密切考古学和历史学、人文科学和自然科学的联合攻关,拓宽研究时空范围和覆盖领域,进一步回答好中华文明起源、形成、发展的基本图景、内在机制以及各区域文明演进路径等重大问题"。这势必要求研究者们必须勇于摈弃以往狭窄的学科界限,敢于破除固有的学科壁垒,善于消除长期形成的学科偏见,树立多学科交叉的自觉学术意识。真正形成以问题为导向,以丰富史料为基础,凝练重大学术问题,形成重大学术任务,在联合攻关中凝聚全新的学术共同体意识。

第三,重大的学术创新一定会催生重要的理论创新,"要同步做好我国'古代文明理论'和中华文明探源工程研究成果的宣传、推广、转化工作,加强对出土文物和遗址的研究阐释和展示传播,提升中华文明影响力和感召力"。这要求广大学术工作者、相关文保单位机构工作人员、各级领导干部要充分认识文明普及教育的时代需求与重大价值,勇挑讲述文明故事的重担,积极营造传承中华文明的浓厚社会氛围,广泛宣传中华文明探源工程等研究成果,要让文物说话,让历史说话,让文化说话,让收藏在博物馆里的文物、陈列在广阔大地上的遗产、书写在古籍里的文字都活起来,从而教育引导群众特别是青少年更好认识和认同中华文明,增强做中国人的志气、骨气和底气。

第四,展望未来,一项极其重要的工作,即"把中华文明起源研究同中华文明特质和形态等重大问题研究紧密结合起来"。具体而言,习近平总书记提炼出三个"研究阐释":"深入研究阐释中华文明起源所昭示的中华民族共同体发展路向和中华民族多元一体演进格局,研究阐释中华文明讲仁爱、重民本、守诚信、崇正义、尚和合、求大同的精神特质和发展形态,阐明中国道路的深厚文化底蕴。"这体现了以习近平同志为核心的党中央对中国道路研究高瞻远瞩的关切。在庆祝中国共产党成立 100 周年大会上,习近平总书记首次提出"中国式现代化新道路""人类文明新形态"两个重大论断。此后学界、理论界展开了热烈而深入的探讨,成果颇多。不过,中国特色社会主义道路也是在对中华民族 5000 多年悠久文明的传承中走出来的,具有深厚的历史渊源。因此通过中华文明探源工程深入把握与理解中国道路的文明根柢,则显得尤为重要,这样才能保证相关研究讨论不会看似天马行空、实则原地踏步,故"要建立中国特色、中国风格、中国气派的文明研究学科体系、学术体系、话语体系,为人类文明新形态实践提供有力理论支撑"。

四、从中华优秀传统文化中寻找源头活水

中华优秀传统文化是中华文明的智慧结晶和精华所在,是中华民族的根和魂,是我们在世界文化激荡中站稳脚跟的根基。因此,中华文明探源工程等研究成果也肩负着发挥以史育人、"讲清楚中国是什么样的文明和什么样的国家,讲清楚中国人的宇宙观、天下观、社会观、道德观,展现中华文明的悠久历史和人文底蕴,促使世界读懂中国、读懂中国人民、读懂中国共产党、读懂中华民族"的重要功能。

针对此方面,讲话提出了一个新的论断:"要坚持守正创新,推动中华优秀传统文化同社会主义社会相适应",这是与往常诸如"使传统文化与当代文化相适应、与现代社会相协调"等表述不同的,可视作党中央对中华优秀传统文化的新认识,也给理论界、学术界提出

了非常值得探索的新议题。

除此之外,讲话强调"要坚持马克思主义的根本指导思想,传承弘扬革命文化,发展社会主义先进文化,从中华优秀传统文化中寻找源头活水"。此"源头活水"的提法,愈发凸显出中华优秀传统文化对于我们新时代中国特色社会主义文化建设的根脉意义。我们应当坚持返本开新、事缓则圆、知行合一、谋定而动的原则不断推动马克思主义中国化时代化,推进中华优秀传统文化创造性转化、创新性发展。

"参天之木,必有其根;怀山之水,必有其源"。习近平总书记在主持十九届中央政治局第三十九次集体学习时的讲话,无疑是一篇当代中国追文明之根、溯文化之源的大文章、大手笔,也是导引我们重视中华文明探源、弘扬中华优秀传统文化的根本遵循和行动指南,更是增强历史自觉与坚定文化自信的必由路径,其内在意蕴值得细细体味、深深感悟。

何谓中国文化基因的理念体系？

　　2020年9月22日,习近平总书记在教育文化卫生体育领域专家代表座谈会上指出,"要深入研究中华文明、中华文化的起源和特质,形成较为完整的中国文化基因的理念体系"。这一新论断,对于今后尤其在"十四五"时期进行中国特色社会主义文化建设、增强文化自信,特别是作为建设社会主义文化强国重点任务之一的提高社会文明程度,有着极其重要的指导意义。同时,这也意味着给中国特色哲学社会科学和新型智库指明了未来研究的重大方向。

　　为便于较为系统而深入地理解文化基因的缘起和内涵、中国文化基因的特质和价值,以及与之紧密相关的理念体系的内容和意义,笔者拟沿着由一般到特殊、从宏观至具体的思路,对如上三个问题作梳理及剖析。

　　何谓"文化基因"? 众所周知,"基因(gene)"原是一个生物遗传学概念,最早由奥地利生物学家孟德尔提出,泛指控制生物性状的基本遗传单位。伴随着学科间彼此交叉与拓展,20世纪中叶以降,有学者开始尝试移用"基因"概念来考察文化问题。1976年,英国生物学家和行为生态学家道金斯(Richard Dawkins)在其著作《自私的基因》(*The Selfish Gene*)中,仿照"基因(gene)"创造了"meme"(一般译作"谜米"或"文化基因")一词,用来指称"文化传递单位",遂很快引起了一股全球性的"谜米"研究热潮。1998 年,"meme"一词被《牛津英语词典》收录,解释为"谜米:文化的基本单位,通过非遗传的方式、特别是模仿而得到传递"。总体而言,在西方学术语境下,文化基因研究始终是在文化复制类似于基因复制的概念上的探讨,是文化之社会传递过程的"基因学",换言之其更多程度上属于传播学范畴。

20 世纪 80 年代,我国的文化基因研究逐渐起步。历经 40 多年的不断探索,相关研究已初具规模。其所涉及的领域和深度,较之国外的"meme"研究,更为宏阔且深入。综观诸家观点,中国学术语境中的"文化基因",大体意指内在于诸种文化现象和系统之中,并且具有在时间和空间上得以传承和展开能力的基本理念或基本精神,以及具有这种能力的文化表达或表现形式的基本风格,从而决定该文化系统传承与变化的基本因子、基本要素。

进而言之,何谓"中国文化基因"? 这是指保证中华文明绵延5000 多年不曾断裂、屡经冲击嬗变不脱底色、固本培元且又与时俱进、开放包容乐与他者交流的基本文化因素。正如习近平总书记在纪念孔子诞辰 2565 周年国际学术研讨会暨国际儒学联合会第五届会员大会上所指出的,中国"思想文化体现着中华民族世世代代在生产生活中形成和传承的世界观、人生观、价值观、审美观等,其中最核心的内容已经成为中华民族最基本的文化基因"。

究其特质,首先,中国文化基因尊崇"大道"。早在先秦时期,诸子百家皆奉"道"为最高价值,道家认为"道生一,一生二,二生三,三生万物"。儒家主张"大道之行也,天下为公"。法家亦肯定"万物各异理,而道尽稽万物之理"。故而中国人历来重视人与自然、人与社会、人与群体及人与自身的关系。其次，中国文化基因倡导"中和"。《论语》记载孔子名言"君子和而不同，小人同而不和"，《中庸》有言，"喜、怒、哀、乐之未发，谓之中。发而皆中节，谓之和。中也者，天下之大本也。和也者，天下之达道也。致中和，天地位焉，万物育焉"。知中守和实乃千百年来中国人所遵循的处世宗旨。再次，中国文化基因秉持"仁义"。"亲亲而仁民，仁民而爱物"，"生，亦我所欲也，义，亦我所欲也。二者不可得兼，舍生而取义者也"。不妨作一譬喻，假如"仁"是一条连接社会系统各个要素，社会不同阶层、理论各派学说的桥梁和纽带，那促使人们无所畏惧地践行这条通达四方之仁路的，就是"义"。复次，中国文化基因与时偕行。《易经》道："损益盈虚，与时偕行。"中国文化基因形成之后并非一成不变、趋于僵化，而是因时因势而变，好比海纳百川，将儒释道众多大江大河汇入一脉，在历史进程中自强不息，不断整合其他异质文化资源以发展完善自身。由之，数千载来，中国文化基因以"大道"为至高意义，秉"中和"为总体原则，将"仁义"当作实践途径，视变革为必经阶段，从而兼普遍性、独特性、变异性和选择性于一身，愈经历沧桑愈焕发光彩，愈积淀岁月愈厚重博大。

"承百代之流，而会乎当今之变"。2020 年 9 月 28 日，习近平总书记在主持十九届中央政治局第二十三次集体学习时强调，"在历史长河中，中华民族形成了伟大民族精神和优秀传统文化，这是中华民族生生不息、长盛不衰的文化基因，也是实现中华民族伟大复兴的精神力量，要结合新的实际发扬光大"。可见对于深入研究和提炼中国文化基因，不仅对于探究中华文明起源、梳理中国历史发展脉络有着极为重要的学术文化意义，更对于增强文化自信、提升国际话语权有着不可替代的社会政治意义。

　　揆诸未来,形成较为完整的中国文化基因理念体系将是中国哲学社会科学和新型智库攻关之重点,大势所趋且任重道远。毫无疑问,无论是往昔孕育的伟大民族精神,抑或在新时代所铸就的中国精神,都涵括多方面的中国文化基因,换言之,任何一种精神力量的诞生,皆由多种文化基因共同构成,且彼此间有机地融为一体。以伟大抗疫精神为例,生命至上、举国同心、舍生忘死、尊重科学、命运与共这五个方面,单独拿出一种,都不足以体现抗疫精神之全貌,且也并非中华民族所独有的精神,唯有五者融合为一,并实现历史逻辑、实践逻辑与理论逻辑的高度内在一致,才构成了伟大抗疫精神。这本身就说明实现中华民族伟大复兴的精神力量具有鲜明的体系性特征。

　　既然是理念体系,便存在不同的类型与层次,这将是未来应着力探讨的重点所在。在 2019 年 5 月 15 日举行的亚洲文明对话大会开幕式上,习近平总书记指出,"中华文明是在同其他文明不断交流互鉴中形成的开放体系","亲仁善邻、协和万邦是中华文明一贯的处世之道,惠民利民、安民富民是中华文明鲜明的价值导向,革故鼎新、与时俱进是中华文明永恒的精神气质,道法自然、天人合一是中华文明内在的生存理念"。此即是对于中华文明体系四方面特质的凝练概括,对于今后中国文化基因理念体系的提炼,具有很好的指导意义。

　　"以古人之规矩,开自己之生面,不袭不蹈,而天然入彀,可以揆古人而同符,即可以传后世而无愧"。我们构建理念体系的最终目标,在于为实现中华民族伟大复兴注入源源不竭的强大精神力量。因此,我们对待中国文化基因理念体系的态度,应当既"不忘本来",亦"吸收外来",更须"面向未来",紧扣伟大复兴这个宏伟蓝图,孜孜不倦地于融汇古今、会通中西的过程中对内熔铸中华民族共同体意识,对外推广人类文明共同体主张,为伟大复兴凝心聚力、强基铸魂。

要之,一个没有精神力量的民族难以自立自强,一项没有文化支撑的事业难以持续长久。5000多年来积累存续的中国文化基因便是中华民族自信自强的力量所在,而形成较为完整的中国文化基因理念体系则是中国特色社会主义伟大事业持续长久的关键支撑。

如何理解我国百万年的人类史、一万年的文化史、五千多年的文明史？

2022 年 5 月 27 日下午，习近平总书记在主持十九届中央政治局就深化中华文明探源工程进行的第三十九次集体学习时指出，"中华文明探源工程等重大工程的研究成果，实证了我国百万年的人类史、一万年的文化史、五千多年的文明史"。这是党中央对改革开放以来尤其是新时代中国古代文明研究的充分肯定。同时，如何准确理解并把握这一显著成绩及之于实现中华民族伟大复兴的意义，也颇为重要。

简言之，对于人类史、文化史与文明史的实证追溯，即探求中国"何以中国"的具体形成过程。早在 20 世纪 70 年代末，著名考古学家苏秉琦先生曾指出：考古学"必须正确回答下列诸问题，中国文化起源、中华民族的形成、统一多民族国家的形成和发展"等问题，"这样，我们就有可能对'国家的统一，人民的团结，国内各民族的团结'，做出自己更多的贡献"。由此可见其价值不言而喻。同时，这也提示我们，中华文明探源工程既要关注"人类"、"文化"与"文明"，亦要立足"中国"，须聚焦于中华民族在其形成和发展过程中创造和积淀的、具有独特文化基因和发展道路的丰富物质文化和精神文化成果。正是这些成果,构建了中华民族共同的文化记忆、社会身份以及作为中国人的精神内涵;同时它们还意味着共同的价值理念和观照世界乃至宇宙的方式。

在中国大地上,世人常讲的"人猿揖别"究竟起于何时?显而易见,以往流传在华夏神州的盘古开天、女娲造人的神话故事是不足依凭的。考古学强调"透物见人",它至少包括考古材料特征识别、形成过程研究、从考古材料到人类行为的推理、社会文化行为理论研究以及哲学层面的反思五个环环相扣的流程。"百万年的人类史"的结论得以印证,很大程度上就是借用体质人类学中的"人种学"研究方法,对远古人类骨骼所包含的诸多客观信息进行深入探究,从而实现透过骨骼遗存提取人类信息。

中国古人类化石的重大发现始于1918年,当时瑞典人安特生在北京周口店发现了一些动物化石,后来又发现了两颗古人类牙齿化石。1927年,加拿大人步达生根据这些牙齿化石给他们一个名字"北京中国猿人",俗称"北京猿人"或"北京人"。1929年12月2日,中国学者裴文中在周口店遗址发现了一块基本完整的古人类头骨化石,距今约50万年前,这是当时世界上发现的年代最早的古人类化石,而且头骨具有独特的东亚直立人特征。随着考古工作的趋向深入,在中国还发现了云南元谋人牙齿化石、陕西蓝田人头骨化石、湖北郧县(今湖北十堰市郧阳区)梅铺人牙齿化石、湖北郧西白龙洞人牙齿化石,这些古人类化石的年代大多数在距今100万年左右。

其中最值得注意的是郧县人。它们制作了代表当时世界上先进水平的生产工具——手斧。2002年7月4日,中国、法国专家公布:确认了生活在中国大陆上的古人类至少在距今100万年前(比欧洲早20万年)就开始使用手斧。这一发现改写了长期存在于西方学术界"中国旧石器时代无手斧"的定论，同时有力地驳斥了中华文明"西来说"，这标志着中国拥有着漫长的旧石器时代。

所谓"一万年的文化史"，是借鉴了文化人类学的观点。该领域通过开展一系列实地民族调查而对整个人类所具有的各种文化形态及文化演进展开研究，其有关人类社会发展阶段、早期国家等问题的理论，对中华文明起源研究有重要参照价值。

在某种意义上讲，一部人类史，就是一个不断发现能源、汲取能量的过程，食物是最基本且最重要的一环。距今约一万年前，我们的祖先在进入新石器时代阶段之际，农业起源也随之开启，这奠定了中华农耕文明的底色。目前已发现确认的中国新石器时代早期文化遗存，大致可分为北方地区和南方地区两大区域。这些遗址所反映的古人类定居生活和耕种行为的遗迹遗物，揭示出农作物驯化和农业起源在我国至少可追溯到一万年前。值得强调的是，在中国独特的地理环境条件下，距今万年之前就形成稻作和旱作（即南稻北粟）两大农业体系的雏形，而且在距今 9000 年左右的裴李岗文化时代，这两大农业文化就实现了在中原地区的碰撞与融合，从而促成以复合农业为主要经济基础的仰韶文化的大扩张，奠定了早期华夏族群的人口、语言等文化基础，形成以区域性文化传统为主体的广泛联系的早期中国文化相互作用圈。

中华文明探源工程利用动物考古、植物考古、稳定同位素等相关科技考古手段综合表明，在距今 5500 年前后黄河、长江等地已经分别形成了"谷豕是飨""饭稻羹鱼"为主要生业特点的农业社会，这为中华文明的形成奠定了坚实的生业经济基础。换言之，农业生产出现后，人们开始定居生活，逐渐有了社会分工、社会生活与多样化的精神世界，自此贫富分化也渐次发生，随着阶级、阶层和各种社会组织的出现,国家最终诞生。这恰印证了恩格斯在《家庭、私有制和国家的起源》中所指出的:"文明时代是社会发展的这样一个阶段,在这个阶段上,分工、由分工而产生的个人之间的交换,以及把这两者结合起来的商品生产,得到了充分的发展,完全改变了先前的整个社会。"如此审视中华文明的起源,大致可将农业产生定为上限,国家的出现视为下限。

"国家是文明社会的概括。"中华文明探源工程的研究结果显示,距今5500年前后是中华文明起源的初始阶段,这突破了西方以英国考古学家戈登·柴尔德所提出的"城市、金属和文字的国家形成"的"三要素说",根据中国的材料(尤其是良渚古城的发现),兼顾其他古老文明的特点,提出了判断进入文明社会标准的中国方案,即:生产发展,人口增加,出现城市;社会分工和社会分化不断加剧,出现阶级;权力不断强化,出现王权和国家。

考古发现显示,在距今5500—5000年间的崧泽文化后期和良渚文化早期,长江下游的环太湖地区的考古遗址数量突然增加,尤其在杭州湾地区的良渚文化遗址分布异常密集,反映当地出现了一次人口大幅度增长。在人类社会发展史中,如果在某个历史阶段,一个特定区域内的人口突然大幅度增长,一般都与基本生活资料获取方式的根本性转变密切相关。具体到狭小的环太湖地区,聚集的大量人口的生存,必须依靠相对发达的农业生产。农业社会的建立不仅刺激了人口的增长,而且还促进了城镇化的发展,直接导致了早期国家的出现。最具代表性遗址即良渚古城,它的发现则为中华文明五千年找到了实证。良渚古城以其300多万平方米的规模和高大坚固的城墙,将此前发现的反山贵族墓地和30多万平方米的莫角山宫殿高台合围在了城的中心,这在规模和等级、布局等各个方面都足以证明良渚古城是长江下游太湖流域为核心的良渚文化的都城。城作为文明起源的重要标志是极为关键的。恩格斯曾有过一个经典阐释："在新的设防城市的周围屹立着高峻的城墙并非无故：它们的堑壕成了氏族制度的墓穴，而它们的城楼已经高耸入文明时代了。"良渚文化城址面积广大，它的营建，需要调动大量的人力和物力，需要严密的管理制度，而且具有都城性质，是聚落的层级分化、阶级分化的集中反映。城市内的宫殿建筑、祭坛、大墓以及玉器和精美的陶器等贵重物品是贫富分化和阶级分化及至阶级对立的集中反映，用玉制度的形成也表明良渚文化已踏入文明社会。在多处良渚文化遗址的堆积中，都发现了属于人工栽培的籼稻和粳稻；不仅如此，还发现有大面积的稻田、道路系统和灌溉系统。更为重要的是，在良渚城址周边发现了大型的水利设施，这是世界上迄今发现最早的堤坝系统之一。良渚城址和外围水利设施的建设不仅是良渚社会进入文明阶段的重要标志，而且其治水用水系统的形成和古埃及文明与古美索不达米亚文明的形成机制相似。作为人类早期城市文明的范例，在2019年7月6日在阿塞拜疆的申遗大会上，良渚古城遗址获得全票通过，意义非凡。这种国际学术界的认可，不仅标志着中国也和古埃及等世界早期文明一样，在距今5000年左右同步进入了国家文明社会，而且给世界文明增加了一个崭新的独特案例，一个东方的文明社会标准。

综上所有研究成果，足以证明中国古代文明是世界历史上唯一具有百万年人类史、一万年文化史、五千多年文明史的一脉相承、不曾断裂的文明。且在长时段的历史内，中华文明与欧亚大陆西侧文明始终并肩发展。相信在迈进中华民族伟大复兴的进程中，中华文明会在返本开新中释放出更多的文明之光，也为人类文化发展提供更多样的选择。

文明所系，必重考古

2020 年 9 月 28 日下午，在主持十九届中央政治局第二十三次集体学习时，习近平总书记强调，"要高度重视考古工作，努力建设中国特色、中国风格、中国气派的考古学，更好认识源远流长、博大精深的中华文明，为弘扬中华优秀传统文化、增强文化自信提供坚强支撑"。可见考古学之于中国特色社会主义建设事业尤其是文化建设，有着极为重要的意义。

重视考古学乃推进伟大实践所需。当今中国正经历广泛而深刻的社会变革，也正进行着坚持和发展中国特色社会主义的伟大实践创新。来之不易的中国特色社会主义道路，是在对中华民族 5000 多年悠久文明的传承中走出来的，具有深厚的历史渊源。从某种意义上讲，当代中国是历史中国的延续和发展。新时代坚持和发展中国特色社会主义，我们的实践创新必须建立在历史发展规律之上，必须行进在历史正确方向之上。考古学独特的学科优势，对于我们认清自身文明的起源和发展，揭示中华文化绵延不绝的"长寿密码"，具有无可替代的意义。

重视考古学由顺应时势发展所致。哲学社会科学的特色、风格、气派，是发展到一定阶段的产物，是成熟的标志，是实力的象征，也是自信的体现。揆诸当今世界发展，一个国家的哲学社会科学有没有自身特色，归根到底要看有没有主体性、原创性。跟在别人后面亦步亦趋，一味模仿，非但不能解决实际问题，反倒受制于人。具体到考古学，情形亦然。正如习近平总书记所指出的，"考古工作是一项重要文化事业，也是一项具有重大社会政治意义的工作"。新中国成立以来，我们几代考古学人筚路蓝缕，孜孜以求，在很多领域取得了举世瞩目的成就，在基础理论、应用理论和前沿理论等方面有了长足发展，特别是在中华文明起源问题上的创获，就像著名考古学家苏秉琦先生所形容的那样，"一时，中华大地文明火花，真如满天星斗，星星之火已成燎原之势"。百尺竿头，须更进一步，进入新时代，我们要建设的只能是"中国的"——立足于中国的历史与现实情境，适合中国国情、代表中国特色、独具中国风格、展现中国气派、蕴含中国精神的考古学。

重视考古学为文明交流互鉴所重。长期以来，中华文明同世界其他文明互通有无、交流借鉴，向世界贡献了深刻的思想体系、丰富的科技文化艺术成果、独特的制度创造，深刻影响了世界文明进程。当今世界正经历百年未有之大变局，国家文化软实力的提升和国际话语权的增强，如要实现"形于中"而"发于外"的效果，亟须发挥哲学社会科学的作用。考古学自有其得天独厚的特质，因此我们要善于提炼标识性概念，比如在良渚古国、安阳殷墟、敦煌学等领域，打造易于为国际社会所理解和接受的新概念、新范畴、新表述，从而引导国际学术界展开研究和讨论，向国际社会展示博大精深的中华文明，讲清楚中华文明的灿烂成就和对人类文明的重大贡献，使各国加深对当今中国的认知和理解，营造良好国际舆论氛围。

重视考古学是传承文化基因所系。在 2020 年 9 月 22 日下午同教育文化卫生体育领域专家代表座谈会上，习近平总书记特意指出，"要深入研究中华文明、中华文化的起源和特质，形成较为完整的中国文化基因的理念体系"。这一重要论述无疑要求学界应当从历史长河中探寻与提炼中华民族得以生生不息、长盛不衰的文化基因，从而为实现中华民族伟大复兴提供不竭的精神力量。众所周知，中华文明是5000多年不曾断裂过的伟大文明，之所以未遭毁灭，就在于人类遗传基因与国家文化基因两个方面的历史一直延续不断、世代传承。也正是在经年累月的积淀与创新下，中华民族形成了一系列无可磨灭的文化基因，如"中和"思想。它包括两方面，一是"中"，二是"和"，二者辩证统一。就思想文化上而言，"多元一体"的"一体"为"中"，"多元"为"和"，"一体"是核心；从政治文化层面来讲，"一体"是国家认同、中华民族认同、中国历史文化认同。"中和"之"中"在政治上的大一统，与"和"之有容乃大，成为中华5000多年不断裂文明的核心文化基因之一。对于类似文化基因的提炼，并融汇为系统的理念体系，这项重任，考古学自然不能缺席。

寻根溯源，保护整理，引领话语，以史育人，终再造文明，贡献人类，中国考古事业无不与增强文化自信密切相关，可谓其最牢固的基石。站在历史、当下与未来的时空轴线上，中华民族伟大复兴的实现过程必定伴随着对文化自信久久不息的重寻、重拾与重塑。相信拥有着中国特色、中国风格、中国气派的考古学定大有可为！

三星堆遗址彰显中华文化自信

近年来,三星堆遗址又"火"了!在这一轮考古挖掘中,新发现的 6 个坑已出土金面具残片、青铜神树、象牙等重要文物 500 余件。其中一件黄金面具体量非常大,有可能成为目前国内所发现的同时期最大黄金面具和最重金器。一时间网上热议不断,甚至有媒体将三星堆誉为"热搜顶流"。

公众纷纷讨论三星堆遗址,既体现了随着生活水平的日益提高,大家越来越关注考古文化事业,更彰显了中华文化自信的独特魅力和深沉力量。文化自信,是指一个国家、民族、政党对自身文化价值的充分肯定,对自身文化生命力的坚定信念。申言之,一个拥有高度文化自信的国家、民族和政党,其文明必定是持久、厚重、包容的,其自身主体性一定是鲜明、强烈、稳固的,三星堆遗址正印证了中华文明的上述特质。

三星堆遗址立足于中华文明的历史厚度。2021 年 3 月 22 日,在福建武夷山市考察朱熹园时,习近平总书记指出:"如果没有中华五千年文明,哪里有什么中国特色?"悠久绵延的中华文明如同一棵深受历史沃土培育的参天大树,枝繁叶茂,硕果累累。其之所以盛况如此,离不开源源不断、默默无言地为文明大树汲取无穷滋养的根脉——中华文明的源头。三星堆遗址便与古蜀文明的起源密不可分。考古学家俞伟超先生认为:"早期蜀文化和早期巴文化是分别位于成都平原至川东及三峡一带的两支青铜文化,其文化面貌有很多相似之处,因而又共同构成了一个独特的大文化圈(区)。自夏时期起,这个文化圈内开始渗入了一些二里头文化的因素,而至商时期,则又大量接受了二里头和殷墟文化的影响。这就是早期蜀文化和早期巴文化在我国考古学文化总谱系中的位置。"三星堆遗址共分四期,依次约当新石器时代晚期、夏代至商代前期、商代中期或略晚、商代晚期至西周早期。其中最早的宝墩文化距今约4800—4000年前,历史可谓悠久,其积淀亦因之深厚。

三星堆遗址蕴含着中华文明的文明高度。恩格斯在其经典著作《家庭、私有制和国家的起源》中认为:"文明时代是社会发展这样的一个阶段,在这个阶段上,分工、由分工而产生的个人之间的交换,以及把这两者结合起来的商品生产,得到了充分的发展,完全改变了先前的整个社会。"他进而指出,"国家是文明社会的概括"。以此论断反观三星堆遗址,其文明特征极为显著。从陶器上看,三星堆早期的陶盉与二里头早期的陶盉,除了陶质和大小以外,几无区别;三星堆的"将军盔",也与河南安阳殷墟的同类器物非常近似。从青铜器上看,三星堆的铜尊、铜罍明显受到了殷商青铜礼器的影响,可知在与彼时中原文化的交流融汇中,古蜀文明得到了较高提升。更为重要的是,其三、四期出土的数量可观的鸟头形陶器柄,祭祀坑中金杖上的鱼凫王图像等,诸多带有强烈信仰色彩的特征性器物说明,三星堆古城曾是雄极一时的蜀地共主——鱼凫王朝的都城。这恰可与《蜀王本纪》中"蜀之先称王者,有蚕丛、柏濩、鱼凫、蒲泽、开明"之记载相印证。古来"国之大事,在祀与戎",祭祀活动是象征国家权威、维系国家统一的重要形式。三星堆遗址中出土的神像、礼器和祭品中，不仅有代表神权和王权的金杖，而且有众多真人大小的铜像，其中最大的立人像，可能是群巫之长与国王众多人头像，或是各等级的巫师或酋长。加上那些正在祭祀岗位上的小人像，共同组成一个巫祭集团，以不断从事祭祀活动的方式，维护着对国家的统治，祭祀活动遂构成了三星堆神权国家的思想和组织基础。这充分说明古蜀文明的神权国家发展到了一个高峰，通过神权与王权的结合创造出独具特色的灿烂文明。

三星堆文明呈现出中华文明的交流广度。文明因交流而多彩，文明因互鉴而丰富。任何一种文明，不管它产生于哪个国家、哪个民族的社会土壤之中，都是流动的、开放的。著名学者李学勤先生曾断言："三星堆发现的重大价值还没有得到充分的估计。实际上，这一发现在世界学术史上的地位，完全可以与特洛伊或者尼尼微相比"，"它的价值和作用应当站在世界史的高度上来认识"。至少就对外文明交流的情形而言，李学勤先生的论断可以得到较充分佐证。三星堆遗址具有东、西方文明的许多共同特质，是早期中外文化交流的灿烂结晶。依据已发现的诸如金杖、青铜雕像、海贝等文物，我们可以大致判断早在那时，古蜀国先人已与印度、中亚乃至两河流域的文明有所接触。由此设想，三星堆文明虽处于所谓"华夏边缘"，但却与西北方向的"陆上丝绸之路"很早就有着固定交通路线，南面可通过滇、缅、印之间的古道直接通往南亚、东南亚以及中国沿海各地，甚至可以穿越历来被视为"人类生命禁区"的青藏高原，与该地域文明发生交往。因此青铜时代的巴蜀与外部世界，绝不是一个彼此封闭的空间，这种开放性与包容性，给三星堆文明提供了走向世界的强力支撑。

考古工作是一项重要文化事业,也是一项具有重大社会政治意义的工作。它关乎对中华文明起源和发展历史脉络的探寻,对中华文明灿烂成就的理解,对中华文明世界贡献的把握,更关系到中华民族文化自信心、历史主体性、民族凝聚力的认知与塑造,意义堪称重大。80 多年来,几代中国考古学人筚路蓝缕、接续探求,终于让三星堆遗址绽放出绚烂的文明光辉。我们相信,此次的考古发现,也仅是辉煌博大的中华文明遗存之冰山一角,今后的发掘研究前景更可期,建设中国特色中国风格中国气派的考古学事业定当再上层楼!

第二篇
文化强国所需

如何理解"推进文化自信自强"

  党的二十大报告在文化部分提出了"推进文化自信自强,铸就社会主义文化新辉煌"的目标与任务,可见党中央对于未来中国五年乃至更长时期的文化建设制定了新的战略谋划,也给出了新的理论指导。尤其是"文化自信自强"这一论断,急需于理论上实现破题,在内涵上深加探讨。习近平总书记在 2022 年 10 月 17 日上午参加党的二十大广西代表团讨论时强调,"学习贯彻党的二十大精神,要牢牢把握过去 5 年工作和新时代 10 年伟大变革的重大意义",这恰提示我们须拉长视域,要在新时代十年的伟大文化变革中去把握"文化自信自强"的生成逻辑。

  首先,"推进文化自信自强"是新时代中国特色社会主义文化建设巨大成就的必然之果。十八大以来,党中央准确把握世界范围内思想文化相互激荡、我国社会思想观念和舆论环境深刻变化的趋势,面对持续动态变化的文化建设领域诸多挑战与难题,如拜金主义、享乐主义、极端个人主义和历史虚无主义等错误思潮不时出现,网络舆论乱象丛生;一些领域存在道德失范、诚信缺失现象;社会文明水平尚需提高;意识形态领域存在不少挑战等,始终坚持实事求是,守正出新,制定了一系列针对性极强、阶段性明确的战略与部署。党中央在十八大提出"扎实推进社会主义文化强国建设"、十九大提出"坚定文化自信,推动社会主义文化繁荣兴盛",再到二十大提出"推进文化自信自强,铸就社会主义文化新辉煌",可谓层层递进、环环相扣,我国意识形态领域形势因之发生全局性、根本性转变,全党全国各族人民文化自信明显增强,全社会凝聚力和向心力极大提升,未来文化强国的轮廓愈益清晰。

其次,"推进文化自信自强"是实现第二个百年奋斗目标的必经之路。二十大报告明确指出,"从现在起,中国共产党的中心任务就是团结带领全国各族人民全面建成社会主义现代化强国、实现第二个百年奋斗目标,以中国式现代化全面推进中华民族伟大复兴"。这昭示着阶段性任务的重大调整。早在 2011 年 10 月 18 日召开的十七届六中全会上,我们党通过了《中共中央关于深化文化体制改革推动社会主义文化大发展大繁荣若干重大问题的决定》,明确提出"努力建设社会主义文化强国"的总体目标,并按照实现全面建设小康社会奋斗目标要求,指出"到二〇二〇年,文化改革发展奋斗目标是:社会主义核心价值体系建设深入推进,良好思想道德风尚进一步弘扬,公民素质明显提高;适应人民需要的文化产品更加丰富,精品力作不断涌现;文化事业全面繁荣,覆盖全社会的公共文化服务体系基本建立,努力实现基本公共文化服务均等化;文化产业成为国民经济支柱性产业,整体实力和国际竞争力显著增强,公有制为主体、多种所有制共同发展的文化产业格局全面形成;文化管理体制和文化产品生产经营机制充满活力、富有效率,以民族文化为主体、吸收外来有益文化、推动中华文化走向世界的文化开放格局进一步完善;高素质文化人才队伍发展壮大,文化繁荣发展的人才保障更加有力。"十八大以来,我们党锚定目标不更改,锁定任务不松懈,稳扎稳打、步步为营,全民族文化创造活力大为增强、文化自信显著提升,如期顺利完成了"为把我国建设成为社会主义文化强国打下坚实基础"的阶段性任务。因此党的十九届五中全会确立要到2035年建成文化强国的远景目标,展现了国家战略的延续性。这无疑要求在新征程上的文化建设,务必在"强"字上下大功夫,做足文章,从而为实现第二个百年奋斗目标提供坚强思想保证和强大精神力量。

再次,"推进文化自信自强"是中国共产党文化理论创新的必需之道。在1997年的一次学术研讨会上,我国著名社会学家费孝通先生提出了"文化自觉"的论断。他指出:"文化自觉,是指生活在既定文化中的人对其文化有'自知之明',明白它的来历、形成的过程、所具有的特色和它发展的趋向。"众所周知,从1978年以来,我国的文化建设从筚路蓝缕逐渐呈现蔚为大观之情形,文化自觉恰恰就是解答改革开放以来文化转型的1.0版方案;那么文化自信是解答进入新时代文化建设问题的2.0版方案。经过40多年的摸索与积累,我们终于提炼出文化自信这样至关重要的原创性理论,且在新时代十年的伟大文化建设实践中趋于深化与成熟。文化自信以中华优秀传统文化为根脉,具有无比的厚度;以中国悠久漫长的历史为轴线,具有空前的广度;以五千多年不曾断裂的文明为载体,具有独特的高度;以一百多年来中国共产党人的持续理论创新为灵魂,具有可贵的深度;以无数中国人民的现实生产生活为依托,具有真实的温度。厚度、广度、高度、深度、温度,"五度"合一,所以文化自信是更基础、更广泛、更深厚的自信,是最基本、最深沉、最持久的力量。要之,文化自信与文化自觉之间是一种辩证的、共生共在的关系,文化自信建立在具有反思性的文化自觉的基础之上,是对文化自觉理论的继承与超越。知往瞻远,十三载后,我们所要建成的文化强国,必当与中国深厚文明底蕴和丰富文化资源相匹配、与中国特色社会主义事业总体布局相适应、与建设富强民主文明和谐美丽的社会主义现代化强国目标相承接、与中国式现代化的本质要求相吻合、与全面推进中华民族伟大复兴进程相一致。这势必要求我们在文化强国理论创新方面需进行更大力度与高度的精研深思，并持续付诸火热实践之中。如此可见，"文化自信自强"理论大有可为，探讨空间甚大。

立物易，立心难。我们于新时代十年伟大变革视域中观照"文化自信自强"论断的孕育历程与生成逻辑，从而为理解"围绕举旗帜、聚民心、育新人、兴文化、展形象建设社会主义文化强国"之具体目标，给出了愈加豁然开朗的思路：面向未来，社会主义意识形态需建设得更加强大，社会主义核心价值观的践行力度需愈发强化，全社会文明程度的提升需更为加强，文化事业和文化产业需发展得更加繁荣强盛，中华文明传播力影响力需更进一步增强。如此，方可在不断内化于心、外化于行中提供中华民族伟大复兴的精神力量。

因自信而谋更强，由自强而愈笃信。实践永无休止，理论持续创新，相信于不断走向深入的未来文化强国征程中，"文化自信自强"将绽放出更为夺目的理论光辉与释放出更大的实践力量。

文化强国建设须一张蓝图绘到底

　　"文化是一个国家、一个民族的灵魂。文化兴国运兴，文化强民族强。没有高度的文化自信，没有文化的繁荣兴盛，就没有中华民族伟大复兴"。党的十九大以来的 5 年，我国文化建设取得了显著成就，党的十九届五中全会高度评价"十三五"时期我国"文化事业和文化产业繁荣发展"。放眼未来，文化建设领域的工作可谓任重道远。认真领会《中共中央关于制定国民经济和社会发展第十四个五年规划和二〇三五年远景目标的建议》的精神，今后 5 年乃至 10 年的文化建设，必须紧扣建成文化强国的这一重要目标，立足坚持马克思主义在意识形态领域的指导地位和坚定文化自信两大重心，完成提高社会文明程度，提升公共文化服务水平，健全现代文化产业体系三项重任。

　　十九届五中全会对文化建设高度重视，从战略和全局上作了规划和设计。其中，最重要的，就是明确提出到 2035 年建成文化强国。在 2011 年召开的党的十七届六中全会上，首次提出了"建设社会主义文化强国"的目标。党的十八大报告强调建设社会主义文化强国"必须走中国特色社会主义文化发展道路"，"关键是增强全民族文化创造活力"。党的十九大报告强调"要坚持中国特色社会主义文化发展道路,激发全民族文化创新创造活力,建设社会主义文化强国"。党的二十大报告指出,"推进文化自信自强,铸就社会主义文化新辉煌"。可见自该重大目标提出之始,党中央一直极其关注,并不断深化对文化强国丰富内涵与具体任务的理解与部署,终于在本次全会上明确了建成文化强国的具体时间表。这无疑给今后的文化建设工作树立了最为重要的目标。

党的十九届五中全会指出,我国发展仍然处于重要战略机遇期,但机遇和挑战都有新的发展变化。国际环境日趋复杂,不稳定性不确定性明显增加;我国发展不平衡不充分问题仍然突出,重点领域关键环节改革任务仍然艰巨。反映在文化建设领域,我们依然面临着国际上各种挑战,"西强东弱"的局面尚未根本扭转,争取国际话语权是我们未来必须解决好的一个重大问题;同时在国内文化建设中,我们仍旧存在不同区域发展不平衡、不同领域发展不充分的问题,广大人民群众对美好文化生活向往的基本需求还不能完全满足。环顾内外,面对现实,我们必须坚定不移地"繁荣发展文化事业和文化产业,提高国家文化软实力"。其中坚持马克思主义在意识形态领域的指导地位和坚定文化自信是两大重心。意识形态工作是党的一项极端重要的工作,决定文化前进方向和发展道路,作为党和国家指导思想,马克思主义更是重中之重。因此,在当代中国坚定马克思主义信仰,第一位的任务就是用习近平新时代中国特色社会主义思想武装全党、教育人民、推动工作。

文化自信是一个国家、一个民族发展中更基本、更深沉、更持久的力量。该重要论断是在十八大以来以习近平同志为核心的党中央对文化问题的重大理论创新,充分体现了中国共产党高度的文化自觉和文化担当,凸显出中国特色社会主义的文化根基、文化价值和文化理想。换言之,文化自信是新时代进行社会主义文化建设最关键的引领力量。基于此,未来我们应当继续从作为根脉的中华优秀传统文化、作为红色基因的革命文化和作为精神标识的社会主义先进文化中汲取无穷滋养,立足传统的厚度、历史的广度、文明的高度、理论的深度和现实的温度五个维度去不断探讨其丰富内涵。

十九届五中全会所审议通过的规划《建议》还专门用一个部分对文化建设进行部署,提出今后 5 年文化建设的基本思路,部署了三个方面的重点任务:一是提高社会文明程度,二是提升公共文化服务水平,三是健全现代文化产业体系。社会文明程度,反映的是整个社会的文明进步状态。"提高社会文明程度"被纳入"十四五"时期经济社会发展的六项主要目标中,尤其值得关注。在党的十九大报告中,不仅强调了要提高全社会的文明程度,而且首次与物质文明、政治文明、精神文明、生态文明相并列,从社会建设层面提出了社会文明的新命题。因此,"提高社会文明程度"是一个非常综合的目标,未来应贯穿国家、社会与公众三个层面,从提高公民文明素质、培育良好社会风尚、提升公共文明素养等方面发力。党的十八大以来,我国在公共文化服务体系建设上取得了长足的进展,随着全面建成小康社会任务完成,广大人民群众对于文化事业部门所提供公共文化产品的需求日益增强,这势必要求我们不断提升公共文化服务水平。与此同时,文化产业肩负着生产文化产品,满足广大人民群众的多样化文化需求的任务,这也促使我们继续深化文化体制改革,推动文化领域的数字化建设,彰显文化对于经济社会发展的拉动作用,从而健全现代文化产业体系。

同时,在推进建成文化强国目标的过程中,我们尚须处理好两种关系。一是部分与整体的关系。文化建设是"五位一体"总体布局中的一部分,因此切不可以偏概全,应充分发挥其经济发展的"助推器"、政治文明的"导航灯"、社会和谐的"黏合剂"、生态文明建设的"动力源"的作用。二是短期与长期的关系。三项重任是"十四五"时期的具体攻关所在,更是实现2035年远景目标及中华民族伟大复兴的阶段性任务,所以我们既需要低头拉车,还需要抬头看路,兼顾眼前与未来,做好文化建设的"可持续发展"。

党的二十大报告指出,"围绕举旗帜、聚民心、育新人、兴文化、展形象建设社会主义文化强国"。蓝图愈来愈明晰。然积跬步方可致千里,只有遵循十九届五中全会确定的时间表,党的二十大确定的总目标,落实到位,扎实推进,2035年建成文化强国之目标可盼可期!

文化强国建设的实现路径：
循序行稳，联动推进

  文明特别是思想文化是一个国家、一个民族的灵魂。无论哪一个国家、哪一个民族，如果不珍惜自己的思想文化，丢掉了思想文化这个灵魂，这个国家、这个民族是立不起来的。认真领会《中共中央关于制定国民经济和社会发展第十四个五年规划和二〇三五年远景目标的建议》精神，不难看出全会对文化建设高度重视，从战略和全局上作了规划和设计。其中，最重要的，就是明确提出到 2035 年建成文化强国。这是党的十七届六中全会提出建设社会主义文化强国以来，党中央首次明确了建成文化强国的具体时间表。

  在这幅远景蓝图内，规划《建议》还专门用一个部分对文化建设进行部署，提出今后 5 年文化建设的基本思路，部署了三个方面的重点任务：一是提高社会文明程度，二是提升公共文化服务水平，三是健全现代文化产业体系。蓝图绘就，起步之时，对于如何切实稳妥且高质高效建成文化强国，尚需从实现路径方面做一探究。

  首要，值得措意的是，全会还将"提高社会文明程度"纳入"十四五"时期经济社会发展的六项主要目标之一。社会文明程度，反映的是整个社会的文明进步状态。中国共产党一直以来都尤其注重提高社会文明程度问题,毛泽东、邓小平同志等多次从文化建设和国民素质方面强调建设文明中国的目标。党的十七大报告总结十六大以来5年文化成就时强调:"思想道德建设广泛开展,全社会文明程度进一步提高。"党的十八大报告讲到2020年全面建成小康社会的新要求时进一步指出:"社会主义核心价值体系深入人心,公民文明素质和社会文明程度明显提高。"党的十九大报告更是强调:"要提高人民思想觉悟、道德水准、文明素养,提高全社会文明程度。"党的二十大报告中又将"提高全社会文明程度"单独列为一项重点任务,指出"实施公民道德建设工程,弘扬中华传统美德,加强家庭家教家风建设,加强和改进未成年人思想道德建设,推动明大德、守公德、严私德,提高人民道德水准和文明素养。统筹推动文明培育、文明实践、文明创建,推进城乡精神文明建设融合发展,在全社会弘扬劳动精神、奋斗精神、奉献精神、创造精神、勤俭节约精神,培育时代新风新貌。加强国家科普能力建设,深化全民阅读活动。完善志愿服务制度和工作体系。弘扬诚信文化,健全诚信建设长效机制。发挥党和国家功勋荣誉表彰的精神引领、典型示范作用,推动全社会见贤思齐、崇尚英雄、争做先锋。"可见党中央对提高社会文明程度的认识一以贯之、不断深化。社会文明程度的提高,关乎国家大政与民族大计。这是实现中华民族伟大复兴的内在要求。"世界的全部民族兴衰史表明,一个道德沦丧、品质恶劣、精神解体的民族必然会陷于衰亡,根本谈不上振兴。中华民族要实现复兴,必须从精心铸造其伟大的民族魂着手"[董希品:《论中华民族伟大复兴运动的内涵(二)》,《山西社会主义学院学报》2000年第3期]。提高社会文明程度,是精神文明建设和文化繁荣发展的集中表现。中华民族文明素质的提高与中华民族伟大复兴的要求和目标实现有着高度的内在统一性。

换言之,没有高度的社会文明,就不可能迎来凝心铸魂的文明大国之复兴。

众所周知,在十九大报告中,不仅强调了要提高全社会的文明程度,而且首次将其与物质文明、政治文明、精神文明、生态文明相并列,从社会建设层面提出了社会文明的新命题。因此,"提高社会文明程度"是一个非常综合的目标,未来应贯穿国家、社会与公众三个层面,从提高公民文明素质、培育良好社会风尚、提升公共文明素养等方面发力。

第一,在公民文明素质提高方面,应注重提高公民的思想道德素质和科学文化素质,增强公民的法治观念和规则意识,倡导公民的文明言行、知行合一,培育公民的健康心态、形塑健康良好的心态文明。

第二,在良好社会风尚培育方面,应立足实现教育强国的远景目标,培育尊重知识、尊师重教的社会风尚,倡导崇德向善、守法光荣的社会风尚,激励扶贫济困、互爱互助的社会风尚,崇尚勤俭节约、合理消费的社会风尚以及形成守正扬善、疾恶如仇的社会风气。

第三,公共文明素养提升方面,应引导广大人民群众遵守公共秩序、爱护公共资源、文明使用共享平台特别是要遵守互联网空间的规范秩序。同时,公共服务的提供方(广义上讲,公共服务的项目包括基础设施、教育、文化、卫生、社会保障等与民生息息相关的公共事业),也应当不断提升公共服务水平和道德素养,秉着以人民为中心的宗旨,提供优质高效的公共服务,满足人民日益增长的美好生活需要。

其次,提升公共文化服务水平在建成文化强国的宏大蓝图中居于承上启下之位置。由上可知,社会文明程度的提高,离不开各种类型和品质公共服务设施、团队乃至产品的持续供给。就目前情形而言,亟待破解的难题是我国中西部地区尤其是广大农村"大水漫灌"式的公共文化服务供给现状。可以说,许多地区都呈现出供给总量充足、供给质量不高的基本特征。

因此,我们应尽快构建"精准滴灌"理念,落实优化供给质量。

第一,树立以民为本的公共文化服务理念,满足农村居民对优秀文化产品的需要。农村公共文化服务是为了满足农村居民的文化需要,所以应当以农村居民的审美习惯、文化需要作为出发点,不断创新公共文化产品。大力开发多元化、接地气的文化产品,将文化产品生产与乡村传统文化紧密结合起来,提高文化产品与农村居民文化需要的衔接度。

第二,提高农村公共文化产品的亲民度。聘请退休教师、文艺爱好者作为农村文化建设指导员,为农民提供文化娱乐、政策咨询、劳动培训等服务,不断提高农村公共文化产品的供给精准度。

再次,具有明显市场属性的现代文化产业体系,其不断健全与完善,对于建成文化强国具有强烈的升级赋能和支撑保障意义。近年来,我国文化产业增长势头强劲,对国民经济的贡献率不断上升,文化产业已成为发展现代产业体系的重要组成部分。文化产业是一个朝阳产业,互联网科技的不断发展,催生了一大批新型文化业态和模式。"十四五"规划建议提出实施文化产业数字化战略,加快发展新型文化企业、文化业态、文化消费模式。

第一,文化和科技融合,关键在创新。数字文化产业一直是近些年文化产业中一个亮点,数字文化产品和服务与人们的生活越来越密切。在催生新的文化业态、延伸文化产业链的同时,应注意集聚大量创新人才,从而激发全社会的创造活力。目前文化产业的从业人员不断增长,让文化产业不仅是一个迅速发展的产业,也是一个巨大的创新性人才蓄水池。

第二，应协调公共文化事业和文化产业的良性关系。文化产业既是产业转型升级、经济高质量发展的重要抓手，又是增强人民群众文化获得感、幸福感的重要途径。随着文化产业的不断发展，人民群众对于公共文化服务和设施的要求会随之提高，所以，要进一步健全完善我国的公共文化服务体系，注重文化事业与文化产业的协同一致发展，既可满足社会日益增长的文化需求，同时也能培育人民群众在文化消费方面的潜力，从而反哺我国文化产业的发展。

总之，实现2035年建成文化强国目标，是一项关乎国家发展大局的阶段性战略任务，其意义可想而知。未来15年，唯有循序行稳，实现联动推进，才能保证三项重点任务的顺利完成。同时，在落实相关具体工作的过程中，如何能够形成一套可操作、有弹性、能检验、普遍化的理念体系和评价指数，从而较为科学客观地评估文化强国的"含金量"与"进度表"，也是一项急需哲学社会科学界探索的课题。

深入推进文化强国建设的行动纲领

　　2022 年 8 月,中共中央办公厅、国务院办公厅印发了《"十四五"文化发展规划》(下文简称《规划》),这是我国宣传思想文化领域的综合性国家重点专项规划,全文内容全面,内涵丰富,亮点鲜明,重点突出。在推进社会主义文化强国建设的关键时期,此《规划》锚定建成文化强国的远景目标,为在新的历史起点上进一步推动社会主义文化繁荣兴盛,建设社会主义文化强国提供了立足长远、扎实有效的行动纲领。总体而言,《规划》体现出四大亮点,凸显出四项重点,同时点明了发展中两个难点。

　　作为系统谋划"十四五"时期文化发展的重点目标任务、重要政策举措和重大工程项目,为全面建设社会主义现代化国家提供思想保证、舆论支持、精神动力和文化条件的重要文件,《规划》具有突出文化重要性、侧重整体联动性、始终坚持人民性与部署安排实效性的特征。第一,《规划》对文化在新时代的重要地位、作用、功能与意义进行了非常全面深入的评估。"十四五"不仅是开启全面建设社会主义现代化国家新征程的第一个五年,同时也是推进社会主义文化强国建设、创造光耀时代光耀世界的中华文化的关键时期。因此,进入新发展阶段,文化是统筹推进"五位一体"总体布局、协调推进"四个全面"战略布局的重要内容；贯彻新发展理念，文化是构建新发展格局、推动高质量发展的重要支点；顺应我国社会主要矛盾的历史性变化，文化是满足人民日益增长的美好生活需要，促进人的全面发展的重要因素；迎接新一轮科技革命浪潮，文化是推动发展质量变革、效率变革、动力变革的重要领域；实现中华民族伟大复兴，文化是战胜前进道路上各种风险挑战的重要力量源泉；应对世界百年未有之大变局和新冠肺炎疫情全球大流行交织影响，文化是在错综复杂国际环境中化解新矛盾、迎接新挑战、形成新优势的重要软实力。总之，在实践创造中进行文化创造，在历史进步中实现文化进步，文化建设"为全面建设社会主义现代化国家提供思想保证、舆论支持、精神动力和文化条件"。

第二，《规划》对"十四五"时期文化建设布局尤为侧重整体联动，即"坚持统筹兼顾、全面推进。牢固树立系统观念，统筹发展和安全，统筹理论与舆论、文化与文明、内宣与外宣、网上与网下，统筹国内与国际、事业与产业、国有与民营、阵地与市场，促进系统集成、协同高效，实现文化发展质量、结构、规模、速度、效益、安全相统一"。这在第二板块的具体部署中都有体现。比如在"建设全媒体传播体系"中，《规划》主张统筹处理好传统媒体和新兴媒体、中央媒体和地方媒体、主流媒体和商业平台、大众化媒体和专业性媒体的关系，建立以内容建设为根本、先进技术为支撑、创新管理为保障的全媒体传播体系。在"完善公共文化设施网络"中，《规划》明确优化公共文化资源配置，加强各级各类公共文化设施建设，打造新型城乡公共文化空间。统筹推进基层公共文化资源整合，提高基层综合性文化服务中心使用效益，推进基层公共文化机构运行与县级融媒体中心建设、新时代文明实践中心建设相衔接。在"提升旅游发展的文化内涵"中,《规划》提出推动博物馆、美术馆、图书馆、剧院、非遗展示场所、对社会开放的文物保护单位等成为旅游目的地,培育主客共享的美好生活新空间;在"推动区域文化协调发展"中,《规划》着力于加强区域文化协同创新,健全合作互助、扶持补偿机制,推动东部地区以创新引领文化发展,加大力度支持中西部地区以及东北等老工业基地文化发展,扶持革命老区、民族地区、边疆地区文化发展,形成相互促进、优势互补、融合互动的区域文化发展格局。围绕京津冀协同发展、长江经济带发展、粤港澳大湾区建设、长三角一体化发展、黄河流域生态保护和高质量发展等区域重大战略,健全推进区域内文化协同发展机制,提升公共文化设施互联互通水平,加强区域文化产业带建设,实现区域文化建设水平整体提高。以上无不体现着《规划》重视各区域各领域各行业各元素各业态联动共促的目标。

第三,《规划》从头至尾始终秉持人民至上的宗旨。文化资源,原本就是来自于民,又用之于民。故《规划》强调"以人民为中心,尊重人民主体地位,保障人民文化权益,把宣传、教育、引导和服务群众结合起来,鼓励人民参与文化创新创造、依法参与国家文化治理,做到文化发展为了人民、依靠人民、成果由人民共享,促进满足人民文化需求和增强人民精神力量相统一"。该宗旨浸润在具体部署之中。比如在"加强公民道德建设"中,注重发挥优秀文化产品陶冶道德情操的作用,完善市民公约、乡规民约、学生守则、团体章程等社会规范,广泛开展弘扬时代新风行动,深化道德领域突出问题治理。在"提升公共文化数字化水平"中,聚焦统筹推进公共文化数字化重点工程建设,把服务城乡基层特别是农村作为着力点,不断缩小城乡之间的数字鸿沟。建设智慧图书馆体系和国家公共文化云,建设智慧博物馆,打造智慧广电、电影数字节目管理等信息数字化服务平台。

在"补齐公共文化服务短板"中,明确推动优质公共文化资源向农村地区、革命老区、民族地区、边疆地区倾斜,缩小城乡和地区之间公共文化服务差距,推动巩固拓展脱贫攻坚成果同乡村振兴有效衔接。同时着力培育和发展农村院线,促进新片大片进入农村市场。丰富老年人、进城务工人员、农村留守妇女儿童、残疾人的公共文化供给,保障特殊群体的基本文化权益。

第四,《规划》彰显了贵在实效的精神,专就如何践行落实作出了统筹协调的安排。首先,完善机制。充分发挥宣传文化领域已有国家级重大规划战略、重大改革举措、重大工程项目协调机制作用,加强协调与合作,形成更加高效的工作推进机制。其次,加强部署。中央宣传部已经会同有关部门制定了《规划》分工方案,将目标任务、重要举措、重大工程项目逐一落实到责任单位,明确和细化任务书、时间表、路线图,确保规划实施有序推进。再次,强化监测。完善规划实施监测评估机制,做好年度监测、中期评估和总结评估工作,加强对规划实施重点任务、政策举措及保障措施的动态监管。

毫无疑问,《规划》的第二板块是整个文件的重中之重,分12个章节针对思想理论武装、精神文明建设、舆论阵地建设、文化创作生产、文化传承弘扬、公共文化服务、文化产业发展、文旅融合发展、文明交流互鉴、文化体制改革、城乡区域文化协调发展、人才队伍建设等工作提出了重点任务和具体部署。应该说,在坚持目标导向和效果导向相结合,坚持全面规划和突出重点相协调的基础上,《规划》综合考虑"十四五"时期文化发展的形势和条件,提出了一系列新的目标、战略和任务。大致可划为四项重点工作。

一是注重党的创新理论的研究传播。在全面建设社会主义现代化国家、向第二个百年奋斗目标进军的新征程上,必须坚持以马克思主义中国化时代化最新成果为指导。《规划》强调，坚持用习近平新时代中国特色社会主义思想武装全党、教育人民、指导实践、推动工作，深化马克思主义理论研究和建设，推进马克思主义中国化时代化，增强广大党员干部群众中国特色社会主义道路自信、理论自信、制度自信、文化自信。《规划》明确提出"习近平新时代中国特色社会主义思想研究传播""中国特色哲学社会科学构建"等重大文化工程专项，以推动党的创新理论深入人心、落地生根。

二是注重保证满足人民文化需求和提升人民精神力量相一致。建设社会主义文化强国，其根本目的是更好满足人民日益增长的精神文化生活需要，不断丰富人民的精神世界、增强人民精神力量。《规划》在加强新时代思想道德建设和群众性精神文明创建、繁荣文化文艺创作生产、提高公共文化服务覆盖面和实效性、推动文化产业高质量发展、推动文化和旅游融合发展等方面作出具体部署，以期深入推进社会主义核心价值观建设，加强公民道德建设，繁荣发展文化事业、文化产业和旅游业，切实提升文化产品和服务质量水平，着力增强人民文化获得感、幸福感、参与感，促进人的全面发展。

三是注重深化中华优秀传统文化和革命文化传承弘扬阐释。中华优秀传统文化是中华民族的文化根脉，革命文化是激励人民奋勇前进的精神力量，也是进一步回答好中华文明起源、形成、发展的基本图景、内在机制以及各区域文明演进路径等重大问题，为人类文明新形态实践提供有力理论支撑的基石所在。《规划》强调，坚守中华文化立场，赓续中华文脉，传承红色基因，建设中华民族共有精神家园，明确提出加强中华优秀传统文化和革命文化研究阐释、加强文物保护管理和展示宣传、加强非物质文化遗产保护传承、推进国家文化公园建设等方面重点任务，为弘扬中华文化、增强文化自信提供坚强支撑。

四是注重推动文化数字化建设。结合 2022 年 5 月份印发的《关于推进实施国家文化数字化战略的意见》,这个战略给出了足以推动大文化建设的全局性部署。从《规划》分为提升公共文化数字化水平和加快文化产业数字化布局两方面作具体部署也可以发现,这个战略是调动台网形成服务大文化需求行业合力,统筹事业产业发展,实现社会效益和经济效益相统一的一个有机结合点。《规划》强调,提升公共文化数字化水平,加快文化产业数字化布局,推动科技赋能文化产业,明确提出"国家文化大数据体系建设""国家有线电视网络整合和 5G 一体化发展"等重大文化工程专项,更好地以先进适用技术建设社会主义先进文化,抢占文化创新发展的制高点。

当然,文化建设与发展向来是纷繁复杂的,切不可一蹴而就。可贵的是,《规划》直面未来工作中两大难点,并有针对性地给出了应对方案。其一,时刻提防文化建设中可能形成的"堰塞湖"。众所周知,随着市场经济不断深入发展,生产方式、生活方式、分配方式、就业形式乃至财富占有都趋于变化,势必会出现社会不同层次和人群对文化的享有情况的差异,如不加引导,往往会导致"数字鸿沟"或文化资源分配不均等突出问题。因此《规划》明确指出坚持把社会效益放在首位、社会效益和经济效益相统一。把握社会主义市场经济条件下文化建设的特点和规律,正确处理文化的意识形态属性和产业属性、社会效益和经济效益之间的关系,推动有效市场和有为政府更好结合。特别是在提高公共文化服务覆盖面和实效性方面,务必切实推进城乡公共文化服务体系一体建设,推动公共文化数字化建设,创新实施文化惠民工程,提升基本公共文化服务标准化均等化水平,更好保障人民基本文化权益。

其二，全力突破文化人才队伍建设的"天花板"。文化建设的基础和关键，说到底仍是人的问题。而目前制约文化发展的一大因素恰恰是人才不足。比如具备中国特色、中国风格、中国气派的哲学社会科学领军人物数量尚不足，全媒体传播研发制作人才短缺，对于新的文艺群体和新的文艺组织的管理还不够，文物保护利用人才的培养跟不上形势发展需要，非物质文化遗产传承人群的培养有待加强，文化产业人才队伍的积极性主动性创造性无法充分发挥，行业人才吸附力快速减弱的问题亟待解决，对外宣传、文化交流和文化贸易的人才数量和质量皆需要快速提升。面对如许难题，《规划》专辟出一章"建强人才队伍"，旨在坚持党管干部、党管人才，把党的政治建设摆在首位，改革人才培养方式，优化人才结构，创新人才培训形式，加大培训力度，不断提高干部人才队伍素质能力，建设勇担使命责任、善于创新创造的时代新军。

要之，这份沉甸甸的《规划》，信息量极大，含金量十足，需要在实践中反复学习与领会。同时也坚信我国文化建设领域的所有同志同人同道能够紧扣《规划》部署，于机遇无限的"十四五"期间，为铸就中华文化新辉煌贡献应有的才智与力量。

于固本培元中达致守正创新

　　2022年8月,中共中央办公厅、国务院办公厅印发了《"十四五"文化发展规划》,为建成社会主义文化强国的远景目标锚定航向。通观《规划》全文,一项重大任务即加强中华优秀传统文化的传承弘扬值得高度关注。具体而言,即坚守中华文化立场,坚持中华优秀传统文化创造性转化、创新性发展,赓续中华文脉,保障文化遗产保护传承利用体系更加健全,文化创新创造活力显著提升,建设中华民族共有精神家园,凝聚中华儿女团结奋进的精神力量。

　　文化是国家和民族之魂,也是国家治理之魂。中华优秀传统文化毫无疑问是中华文化的本根所系和元神所聚,是中华民族的文化根脉和精神命脉,是我们在世界文化激荡中站稳脚跟的根基。"十三五"时期,在以习近平同志为核心的党中央坚强领导下,弘扬中华优秀传统文化的成就显著,"双创"成绩显著,传统文化资源"活起来"的成果丰硕。纵览当前,审视世情,大国文明对话的需求愈加迫切,文明交流互鉴的层级愈发深化;立足国情,人民群众对美好文化生活的需要愈加强烈,因之对中华优秀传统文化的热情愈发升温;聚焦党情,党中央对中华文明探源工程的进展愈加重视,为人类文明新形态建设提供理论支撑的要求愈发提高。这都促使我们在传承弘扬中华优秀传统文化方面当敢于作为、善于作为。就此重任,《规划》中从四个方面进行了详尽部署,堪称立足长远,抓牢根本,全域联动,稳步发展。

加强中华优秀传统文化研究阐释,这是根本要务。深入研究中华文明、中华文化的起源和特质,构建中国文化基因的理念体系。这是我们当今夯实中华民族共同体历史、铸牢共同体意识、完善多元一体格局的重大基础性课题,多年来一代代学人前赴后继,成果甚丰,然亟待解决的问题仍旧颇多。比如作为中华文明的核心与引领者、黄河文化和中华文明的主根和灵魂的二里头夏都遗址,近些年来考古实证成绩突出,但如何全面提取、揭示和阐释该遗址的相关信息,适时提炼中华文明发展进程的路径与特点,并通过与良渚古城、石峁、陶寺、三星堆等区域比较研究从而提炼彼此独特的发展模式、归纳出基本规律,仍有待再破题。再如在中华文明乃至人类文明发展史上具有划时代意义的殷墟,其甲骨文是迄今为止中国发现的年代最早的成熟文字系统,是汉字的源头,也是承载中华民族历史记忆和文化密码的符号。目前已发现的甲骨文单字约 4500 个,能识读的仅约 1500 个。可见由已知求未知,殷墟作为探索中华民族 5000 多年文明的一个重要基点,如何溯源中华民族的文字形成史与人类表意系统的规律,依旧任重道远。再如作为保证中华文明绵延 5000 多年不曾断裂、屡经冲击嬗变不脱底色、固本培元且又与时俱进、开放包容乐与他者交流的基本文化因素系统,中国文化基因的理念体系构建乃大势所趋,唯有对诸多珍贵的文化基因进行划类型与分层次的梳理,同时又兼顾其鲜明的体系性特征,才能阐释清楚中华文明讲仁爱、重民本、守诚信、崇正义、尚和合、求大同的精神特质和发展形态,真正阐明中国道路的深厚文化底蕴。如上,皆关乎未来"古代文明理论"研究、打造具有中国特色的理论学派、中国道路理论阐释、深化文明交流互鉴等议题,《规划》中以"专栏 10"的表格形式部署了"中华传统治国理政思想研究""中华古文字传承创新""国家古籍保护及数字化工程"等七项工作,可谓系统全面。

加强文物保护利用,这是基础工程。党的十八大以来,我国文物事业得到很大发展,文物保护利用凝聚了新共识、文物保护与考古取得新成效、文物博物馆展现新形象、文物治理能力和治理水平实现新提升。成就来之不易,巩固尤为关键,因此《规划》明确强调"树牢保护历史文化遗产责任重大的观念,增强对历史文物的敬畏之心",要始终深化"坚持保护第一、加强管理、挖掘价值、有效利用、让文物活起来"的自觉意识。值得注意的是,在文物合理利用方面,《规划》指出要"建设国家考古遗址公园、文物保护利用示范区、文化遗产廊道,推介以文物资源为载体的国家文化地标和中华文明标识体系",昭示出未来文保发展的新路径。比如"大遗址"建设,该工作是我国文化遗产保护利用工程中涉及面最广、投资力度最大、惠及民生最广泛的一项创新性工程。特别就河南、陕西、山西、江苏、湖北、山东等文化大省而言,前景十分广阔。再如"博物馆群"建设,以河南洛阳市为例,该市目前共有 102 家博物馆,其中国有 48 家、民营 54 家,包括二里头夏都遗址博物馆、偃师商城博物馆、汉魏洛阳故城遗址博物馆(拟建)、隋唐定鼎门遗址博物馆、洛阳隋唐大运河博物馆等具有鲜明年代特征的馆群,为公众更好地理解和把握中国历史地理与文明演变提供了鲜活丰富的案例。

此外,尚需措意的是,文物保护利用,相当程度上受到体制机制和人才队伍的较大约束。首先,全国文物人才总量不足。以考古机构为例,截至 2021 年底,全国 32 家省级考古发掘资质单位编制共

1760 个,其中 14 家机构编制都在 50 人以下。其次,人才知识结构和专业技能还不能完全适应事业发展要求。以石窟寺保护为例,全国保护管理人员博士仅 46 人,硕士 489 人,分别占从业人员的 0.48% 和 5.1%,本科学历不足半数。这势必要求继续推进文物领域人事制度、评价机制等深层次乃至进行重塑性的改革,用灵活有力的体制让人才引得进、留得住、长得快、干得好。

加强非物质文化遗产保护传承,这是重点工作。非物质文化遗产保护与传承是一项极为重要且迫在眉睫的工作,经过党的十八大以来的接续奋斗,我国共有各级非遗代表性项目 10 万余项,其中国家级非遗代表性项目 1557 项;各级代表性项目传承人 9 万余名,其中国家级非遗代表性项目传承人 3057 名。与文保事业近似,人才是非遗保护传承的关键因素,亦是制约因素。基于此,《规划》中"专栏 12"特辟"非遗传承发展"一项,拟建设 30 个国家级文化生态保护区、20 个国家级非遗馆和一批专题非遗馆,属于适时又务实的举措。

推进国家文化公园建设,这是最新任务。党的十九届五中全会审议通过的《中共中央关于制定国民经济和社会发展第十四个五年规划和二○三五年远景目标的建议》明确提出,建设黄河、长城、大运河、长征等国家文化公园。2022 年 1 月,长江国家文化公园建设正式启动。这是形成具有特定开放空间的公共文化载体,集中打造中华文化重要标志的大工程。"国家文化公园"是一个全新的提法,其立意十分高远。简言之,"国家"是国家文化公园的鲜明底色;"文化"是国家文化公园的内在灵魂;"公园"是国家文化公园的基本定位。国家文化公园的构建,无疑是在民族复兴、文化强国、旅游发展的三重时代背景下展开的,是从"国家""文化""公园"三个词语意义脉络中进行的话题建构。正因为"十四五"是国家文化公园建设的开局期,《规划》用"专栏 13"整整一张大表的篇幅来特意对五大沿线公园的实施重点、重点建设示范区及管理格局做了具体部署。

　　"十四五"时期是推进社会主义文化强国建设、创造光耀时代光耀世界的中华文化的关键阶段,中华优秀传统文化在其间有着无可替代的重要作用。恰如《规划》中强调的工作原则所言:须"坚持固本培元、守正创新"。溯悠久传统之源头活水,守其正脉,融于时代,中华文明于是"汲汲骎骎,月异日新"。

治国理政视野中的文化建设

　　"中国特色社会主义是全面发展、全面进步的伟大事业,没有社会主义文化繁荣发展,就没有社会主义现代化。党的十八大以来,我们把文化建设提升到一个新的历史高度,把文化自信和道路自信、理论自信、制度自信并列为中国特色社会主义'四个自信',把坚持马克思主义在意识形态领域指导地位的制度确立为中国特色社会主义制度体系的一项根本制度,把坚持社会主义核心价值体系纳入新时代坚持和发展中国特色社会主义的基本方略。"这段收录在 2022 年 6 月出版的《习近平谈治国理政》第四卷(以下简称"第四卷")中的重要论述,可谓非常精炼地概括了十八大以来以习近平同志为核心的党中央对于文化建设的具体定位及所取得的重大成就。同时,这段论述亦可视作第四卷中有关文化部分的主基调:即于总结中展望,在远景下部署。

　　第四卷的第十二章题为"推进社会主义文化强国建设",共收录了 6 篇文献,篇幅较之前三卷有所减少,但体现了其鲜明的时代特色。比较而言,第一卷的文化部分重在凸显宣传思想工作的关键作用和培育与践行社会主义核心价值观的部署,第二卷的文化部分尤其强调坚定文化自信的重要意义,第三卷的文化部分则注重中华文化恒久价值和中国精神时代作用的阐发,那么第四卷则体现了推进建成文化强国的重点任务。揆诸 6 篇文献,不难发现蕴含着有总有分的特色,第一篇《把文化建设摆在更加突出位置》毫无疑问是总论,其余 5 篇围绕深研"两个结合"、加强国际传播、推动文艺繁荣进行了针对性部署,最终 6 篇的宗旨即实现 2035 年建成社会主义文化强国的远景目标。

作为总论性的文章,《把文化建设摆在更加突出位置》中对于文化在新时代中国特色社会主义建设中的作用予以更新的评述:"统筹推进'五位一体'总体布局、协调推进'四个全面'战略布局,文化是重要内容;推动高质量发展,文化是重要支点;满足人民日益增长的美好生活需要,文化是重要因素;战胜前进道路上各种风险挑战,文化是重要力量源泉。"因此,"十四五"时期,党中央要把文化建设放在全局工作的突出位置,切实抓紧抓好。展望未来"十四五",具体举措即:一是提高社会文明程度,这是基于"文明是现代化国家的显著标志";二是推进城乡公共文化服务体系一体建设,这是基于"发展文化事业是满足人民精神文化需求、保障人民文化权益的基本途径"之考虑;三是坚持把社会效益放在首位、社会效益和经济效益相统一的原则,毕竟"衡量文化产业发展质量和水平,最重要的不是看经济效益,而是看能不能提供更多既能满足人民文化需求、又能增强人民精神力量的文化产品"。这三方面基本涵盖了"十四五"期间文化建设的主要内容。

与此同时,放眼未来的文化建设总目标,我们还面临着如何将一个文明古国和文化大国推进成为文化强国的远景规划,后 5 篇中给出了很有启示价值的思路。第一,要深入研究"两个结合"的重大论断。在《把弘扬优秀传统文化同马克思主义立场观点方法结合起来》一文里,首次披露习近平总书记在福建武夷山朱熹园考察时讲话的部分内容。他着意强调:"我到山东考察时专门去看了孔府孔庙,到武夷山也专门来看一看朱熹园。"犹记 2013 年 11 月 26 日,习近平总书记在山东曲阜考察时强调:"我这次来曲阜就是要发出一个信息:要大力弘扬中国传统文化。"那么 2021 年 3 月 22 日在朱熹园中,他又指出:"我们走中国特色社会主义道路,一定要推进马克思主义中国化。如果没有中华五千年文明,哪里有什么中国特色?如果不是中国特色,哪有我们今天这么成功的中国特色社会主义道路?"从强调弘扬中华优秀传统文化,到关注中华文明与中国特色社会主义道路的密切内在联系,体现了十八大以来党中央对中华文明与马克思主义中国化认识的日趋深入。就在这次考察时,习近平总书记还强调:"我们要特别重视挖掘中华五千年文明中的精华,弘扬优秀传统文化,把其中的精华同马克思主义立场观点方法结合起来,坚定不移走中国特色社会主义道路。"在某种意义上而言,这段讲话就为之后习近平总书记在庆祝中国共产党成立 100 周年大会上发表的重要讲话中首次提出"坚持把马克思主义基本原理同中国具体实际相结合、同中华优秀传统文化相结合"的重大论断作铺垫。

毫无疑问,"两个结合"是中国共产党对自身理论创新与实践成就的最新总结与提炼,尤其"第二个结合"的提出,是我们党推进马克思主义中国化不断深入实践的重大理论结晶。此理论命题,既是习近平新时代中国特色社会主义思想的原创性贡献,也是新征程中继续发展当代中国马克思主义、21 世纪马克思主义的原则要求和必须深加研讨的重大课题。可见收录在第四卷的《把弘扬优秀传统文化同马克思主义立场观点方法结合起来》篇幅虽短,但意义重大。这也提示我们今后对于"两个结合"的研究,要立足两个基本问题。

其一,"为什么要结合?"毫无疑问,首先,这是救亡图存与真理探索的历史必然。1840 年鸦片战争以后,中国逐步成为半殖民地半封建社会,国家蒙辱、人民蒙难、文明蒙尘,中华民族遭受了前所未有的劫难。从那时起,实现中华民族伟大复兴,就成为中国人民和中华民族最伟大的梦想。无数仁人志士探寻真理,但无一成功,历史的接力棒只有到了中国共产党人手上,通过接受马克思主义的指导,才真正实现了救亡图存的民族夙愿,此历史必然在在可见。其次,这是理论特性与文化属性的本质使然。马克思主义传入中国后,科学社会主义的主张受到中国人民热烈欢迎,并最终扎根中国大地、开花结果,决不是偶然的,而是同我国传承了几千年的优秀历史文化和广大人民日用而不觉的价值观念融通的。否则,我们便无法解释为何这种科学真理融入中华大地可以激发开天辟地、惊天动地、改天换地的伟力。再次,这也是文明演进与道路抉择的趋势昭然。1916 年,著名的中国共产党早期领袖李大钊曾预言,中国未来将塑造"'第三'之文明,乃灵肉一致之文明,理想之文明,向上之文明也"。这实际揭示出一个道理:中国的发展,绝非跟在西方文明后面亦步亦趋、东施效颦,而应当深刻审视人类文明发展的各种形态,在植根自身的同时,引入科学真理,从而走好具有本国特色的发展道路。其二,"新时代如何再结合?"也是在福建考察时,习近平总书记指出"要推动中华优秀传统文化创造性转化、创新性发展,以时代精神激活中华优秀传统文化的生命力。要把坚持马克思主义同弘扬中华优秀传统文化有机结合起来,坚定不移走中国特色社会主义道路"。这点明了未来结合的具体思路,即我们要认识到中华优秀传统文化是中华文明绵延不绝的源头活水;与时代同步伐,与人民共命运,关注和回答时代和实践提出的重大课题,是马克思主义永葆生机活力的奥秘所在。经过百年交融,二者已经彼此"互化"、深相结合。放眼未来,这两大思想文化体系,当继续沿着创造性转化、创新性发展的路径,在回应时代问题的探索中,达致一种更高层次和意义上的"结合",即创造性的"融合"。

第二,要加强国际传播能力建设。我们党历来高度重视对外传播工作。党的十八大以来,我国大力推动国际传播守正创新,理顺内宣外宣体制,打造具有国际影响力的媒体集群,积极推动中华文化走出去,有效开展国际舆论引导和舆论斗争,初步构建起多主体、立体式的大外宣格局,我国国际话语权和影响力显著提升,同时也面临着新的形势和任务。必须加强顶层设计和研究布局,构建具有鲜明中国特色的战略传播体系,着力提高国际传播影响力、中华文化感召力、中国形象亲和力、中国话语说服力、国际舆论引导力。

就此定位,习近平总书记着重强调要加快构建中国话语和中国叙事体系,用中国理论阐释中国实践,用中国实践升华中国理论,打造融通中外的新概念、新范畴、新表述,更加充分、更加鲜明地展现中国故事及其背后的思想力量和精神力量;要广泛宣介中国主张、中国智慧、中国方案,我国国家影响力、感召力、塑造力显著提升,有能力也有责任在全球事务中发挥更大作用,同各国一道为解决全人类问题作出更大贡献;要深入开展各种形式的人文交流活动,通过多种途径推动我国同各国的人文交流和民心相通;要全面提升国际传播效能,建强适应新时代国际传播需要的专门人才队伍。这四个方面无不体现了党中央自十八大以来对于国际传播能力建设的重视程度日益提高,认知水平趋向深入。同时习近平总书记强调"各级党委(党组)要把加强国际传播能力建设纳入党委(党组)意识形态工作责任制,加强组织领导,加大财政投入,帮助推动实际工作、解决具体困难。各级领导干部要主动做国际传播工作,主要负责同志既要亲自抓,也要亲自做"。于此可见该项工作之重要性与系统性非同寻常。

第三,推动文艺工作持续繁荣,也是建成文化强国的一项不可或缺的重任。作为该部分的压轴之作,《展示中国文艺新气象,铸就中华文化新辉煌》一文篇幅最长,文采最飞扬,亦最语重心长。特别是致广大文艺工作者的五点希望,囊括该群体所当有的志向、立场、目标、理念与德行,可谓当代中国文艺工作的"劝学篇"。据此文献,进而言之,就当前文艺界存在问题与瓶颈,较为可行的对策建议如下:1.进一步加强面向全体文艺工作者的基层党建工作;2.进一步完善以"崇德尚艺"为主题的教育培训机制;3.进一步完善以社会效益优先的作品评审和行业监管机制;4.探索建立客观公正的行业自律和退出机制。如此,才能逐渐立破并举、综合施策,建设山清水秀的文艺生态。

众所周知,文化虽望之无形,但又无处不在。根据《习近平谈治国理政》第四卷的重要论述,我们须深刻认识到:未来的文化建设工作一定将文化与其他重要布局工作融为一体,共同发力,最终使其落在实处,化入心田,让文化真正"强"起来。

治道与治术的贯通：
论牢牢掌握意识形态工作领导权

　　意识形态决定文化前进方向和发展道路，关乎旗帜，关乎道路，关乎国家政治安全，对一个政党、一个国家、一个民族的生存和发展至关重要，作用难以估量。习近平总书记在党的十九大报告中，把意识形态工作作为推进社会主义文化繁荣兴盛的首要内容，旗帜鲜明地提出要"牢牢掌握意识形态工作领导权"。在党的二十大报告中指出，"要坚持马克思主义在意识形态领域指导地位的根本制度"，"建设具有强大凝聚力和引领力的社会主义意识形态"。正基于此，我们必须全面了解意识形态工作的内涵与作用、清醒认识当前意识形态工作现状与所面临的挑战、从而正确找到创新与再塑未来意识形态工作的途径和提供稳妥有力的方案，方能真正加强党对意识形态工作的领导，进一步发展壮大社会主义意识形态，不断增强意识形态领域的主导权和话语权，不断巩固马克思主义在意识形态领域的指导地位，巩固全党全国人民团结奋斗的共同思想基础。

一、内涵与作用

意识形态工作是党的一项极端重要的工作,2013 年 8 月 19 日,习近平总书记在全国宣传思想工作会议上指出:"能否做好意识形态工作,事关党的前途命运,事关国家长治久安,事关民族凝聚力和向心力",意识形态工作的重要性不言而喻。

对意识形态这一概念的最初渊源可追溯至古希腊哲学家柏拉图。柏拉图提出了"理念世界"与"洞穴比喻",作为其对意识形态问题的思考。降至 17 世纪,英国哲学家培根在《新工具》一书中用"种族假象""洞穴假象""市场假象""剧场假象"四个概念对柏拉图的观点进行了深刻反省,认为人的感觉经验具有不确定性,以此为基础的思想观念自然也未必准确。法国大革命时期,启蒙思想家托拉西首度明确提出意识形态的概念,在他看来,唯一可靠的观念只能来源于人们从外部世界获得的感觉经验,因此意识形态即作为一切经验科学基础的"第一科学"。之后黑格尔、费尔巴哈对于意识形态的"异化"性的揭露、基于宗教批判所形成的唯物主义启示,构成了马克思进行意识形态研究的理论背景。正是基于对之前思想资源的批判与汲取,马克思将"意识形态"作为一个哲学概念加以使用,从而确立了"意识形态"一词的"现代语境"(张秀琴:《马克思意识形态理论的当代阐释》,中国社会科学出版社 2005 年版,第 5 页)。马克思成功地将"意识形态"与社会领域的劳动分工、被称为阶级的集团和一定阶级的统治和权力联系起来,每一个试图取得统治权的新阶级,"为了达到自己的目的不得不把自己的利益说成是社会全体成员的共同利益,就是说,这在观念上的表达就是:赋予自己的思想以普遍性的形式,把它们描绘成唯一合乎理性的、有普遍意义的思想"。按照俞吾金先生的观点,马克思有关意识形态的概念可定义为"在阶级社会中,适合一定的经济基础以及竖立在这一基础之上的法律的和政治的上层建筑而形成起来的,代表统治阶级根本利益的情感、表象和观念的总和,其根本的特征是自觉地或不自觉地用幻想的联系来取代并掩蔽现实的联系"[俞吾金:《意识形态论》(修订版),人民出版社 2009 年版,第 131 页]。这一意识形态具有实践性、总体性、阶级性、掩蔽性和相对独立性五个主要特征。

在其后西方马克思主义发展过程中,著名的意大利思想家和新马克思主义代表人物葛兰西在反思 20 世纪 20 年代本国社会后,提出了无产阶级应当夺取意识形态领导权的主张。葛兰西认为意识形态领导权是指"以特定的意识形态通过和其他意识形态的自由竞争而得到的地位,强调产生认同力的非强制性,即社会成员自愿选择该意识形态,认同这种意识形态的说服力,并且在实际行动中受该意识形态的引导、指引"。具体而言,该思想主要涉及四个方面:一、"自愿的"同意是争取意识形态领导权的前提和基础;二、市民社会是争夺意识形态领导权的主战场;三、"有机知识分子"是意识形态传播的主力军;四、"阵地战"是意识形态领导权的获取策略。质言之,葛兰西的意识形态领导权理论,实质就是"文化领导权",它是统治阶级通过"非暴力"的形式,使被统治阶级信仰统治阶级的价值观、世界观。该理论总体上仍是在马克思主义理论框架内进行阐释的,又多有独创之己见,实现了从传统马克思主义对资本主义的经济批判、政治批判到文化批判的转向。这对于我们当前党的意识形态工作依然有着重要的启示与借鉴价值。

通过以上简要的学术梳理，不难发现，对于一个现代政党而言，"意识形态是表达纲领、凝聚成员、影响社会、夺取政权的重要工具"（陈建波、庄前生：《论牢牢把握党对意识形态工作的领导权》，《马克思主义研究》2016 年第 1 期）。如果说组织代表的是硬力量，那么意识形态代表的就是软力量，有着无可替代的政治功能。首先，意识形态具有论证执政党现实的合理性与其所执行政策合法性的功能，换言之，也就是政党必须向人民表明它代表谁，为了谁，为何只有它能代表，它所采取的政策方针是怎样实现和保障人民利益的。其次，意识形态还必须能够解释现实的不合理性从而来改变现实。毕竟现实一直处在变动之中，作为执政党不仅要处常守成，更应当善于因革损益，不断通过调整充实意识形态来巩固自身的统治合法性。再次，意识形态是引导党员形成政党认同感的重要媒介。政党实现对党员的管理，除却一套严密有效的组织纪律等制度约束外，尚需借助意识形态将党是什么、自身与党的关系等内容教育每位党员，从而在他们内心培育强烈的政党认同感，自觉地同党保持一致，服从党的安排，贯彻党的政策方针。复次，在一些国家，意识形态不仅对党员起作用，而且对社会一般成员也有作用。某种程度上它实现了一种准道德的功能（郑永年：《再塑意识形态》，东方出版社 2016 年版，第 19 页）。中国的情况，便有其近似之处。作为中国唯一的执政党，意识形态对于中国共产党的重要性，不单单限于组织意义，还超越于党及其政府本身而深入到整个社会。易言之，"意识形态的范畴远远大于组织的范畴"（郑永年：《再塑意识形态》，东方出版社 2016 年版，第 3页）。没有行之有效的意识形态，执政党的政治治理和社会治理就会缺少合法性和实际效果。

在现代社会，国家间意识形态的博弈，实质主要是指对意识形态领导权的争夺,这必然与现代政党紧密联系。对于无产阶级政党,葛兰西曾强调:"共产党需要在意识形态上完全一致,以便能够在任何时刻完成它作为工人阶级领袖的职能。意识形态的一致是党的力量和政治能力的一个组成部分;它对于使党成为布尔什维克党是不可缺少的。意识形态一致的基础是马克思主义和列宁主义的学说。"无产阶级政党本身就是在马克思列宁主义指导下建立起来的,在人类历史上第一次将意识形态建立在科学的基础之上,所以能够掌握意识形态的领导权。

作为历来高度重视意识形态工作的中国共产党,马克思主义是我们立党立国的根本指导思想,是社会主义意识形态的旗帜和灵魂。建设具有强大凝聚力和引领力的社会主义意识形态,使全体人民在理想信念、价值理念、道德观念上紧紧团结在一起,就必须把坚持和发展马克思主义统一起来。这就要求我们党以更有力的领导、更有效的举措,把意识形态工作领导权牢牢掌握在手中。

二、现状与创新

党的十八大以来,以习近平同志为核心的党中央高度重视意识形态工作,采取一系列举措和召开了相关会议加强党对意识形态工作的领导。如 2013 年 8 月 19 日的全国宣传思想工作会议、2014 年 10 月 15 日的文艺工作座谈会、2015 年 5 月 18 日中央统战工作会议、2015 年 12 月 11 日的全国党校工作会议、2016 年 2 月 19 日的党的新闻舆论工作座谈会、2016 年 4 月 19 日的网络安全和信息化工作座谈会、2016 年 5 月 17 日的哲学社会科学工作座谈会、2016 年 12

月7日的全国高校思想政治工作会议、2017年9月29日十八届中央政治局第四十三次集体学习、2017年10月27日十九届中央政治局第一次集体学习、2018年4月全国网络安全和信息化工作会议、2018年8月21日全国宣传思想工作会议、2019年1月25日十九届中央政治局第十二次集体学习、2019年6月开始的"不忘初心、牢记使命"主题教育、2019年10月党的十九届四中全会、2020年10月党的十九届五中全会、2021年2月开始的党史学习教育、2021年11月党的十九届六中全会、2022年10月党的二十大等重要会议和讲话，就意识形态领域的方向性、根本性、全局性重大问题作出了一系列重要论述和重大部署，构成了我们党对当前意识形态工作的整体规划与实施方案。

也正是基于党中央强有力的指导和推动，意识形态工作取得了明显成效。当前，意识形态领域的总体态势积极健康向上，主旋律更加响亮，正能量更加强劲，中国特色社会主义道路自信、理论自信、制度自信、文化自信得到彰显，主流意识形态的影响力、引导力、凝聚力不断增强，从而开创了新的局面。

任重道远，更需砥砺前行。在中国特色社会主义新时代牢牢掌握意识形态工作领导权，进行创新与再塑，可着力之处有以下三个方面。

第一，继续推进马克思主义中国化时代化大众化，构建中国特色哲学社会科学和加强中国特色新型智库建设。习近平总书记在党的十九大报告中强调："必须推进马克思主义中国化时代化大众化，建设具有强大凝聚力和引领力的社会主义意识形态，使全体人民在理想信念、价值理念、道德观念上紧紧团结在一起。要加强理论武装，推动新时代中国特色社会主义思想深入人心。深化马克思主义理论研究和建设,加快构建中国特色哲学社会科学,加强中国特色新型智库建设。"为今后的相关工作明确了内容与方向。

马克思主义自传入中国,就开始了其中国化时代化大众化的历程。党的十七大正式提出了"推动当代中国马克思主义中国化、时代化、大众化"这一科学命题。党的十八大再次强调"推进马克思主义中国化时代化大众化,坚持不懈用中国特色社会主义理论体系武装全党、教育人民"。党的十八大以来,马克思主义中国化时代化大众化取得了不小的进展,理论创新与大众传播方面产生了良好的效果。成就固然可喜,但问题依旧存在,"实际工作中,在有的领域中马克思主义被边缘化、空泛化、标签化,在一些学科中'失语'、教材中'失踪'、论坛上'失声'"。这些"边缘化""空泛化""标签化""失语""失踪""失声"的状况,恰恰说明马克思主义中国化时代化大众化的工作远未结束,而且必须继续深入推进该项工作。归根结底,以上问题的出现,恐怕还是源于对自身理论、本国文化的不自信与不了解,没有做到真懂真信。不自信便总觉得西方的理论、学说优于中国特色社会主义,不了解便直接影响到马克思主义中国化时代化大众化的实际效果。而且正因为不自信,往往会导致不了解,所以有必要对"中国化"、"时代化"和"大众化"循名责实,略作解释。马克思主义中国化,就是将马克思主义基本原理同中国具体实际相结合、同中华优秀传统文化相结合形成具有中国特色、中国风格、中国气派的新理论。一方面基本原理要与实践紧密结合并指导实践,另一方面在实践中形成的中国经验、中国智慧要上升为新的理论并不断丰富与完善马克思主义。马克思主义时代化,就是要立足时代的发展、时代的特征、时代的需求,"更好运用马克思主义观察时代、解读时代、引领时代,真正搞懂面临的时代课题,深刻把握世界历史的脉络和走向"，从而在不同时代展现出马克思主义新的特质。马克思主义大众化，就是通过多种路径和方式，使马克思主义为广大群众所了解和掌握，进而用于指导自身实践的过程，真正让马克思主义"飞入寻常百姓家"，融入人们的生产生活当中。马克思主义中国化、时代化、大众化是三位一体、不可分割的有机整体，三者间的内在联系蕴涵了马克思主义在当代中国发展的内在逻辑。同时，三者又绝非并列平行的关系，中国化是枢纽，时代化、大众化是实现中国化的重要路径。基于此种内在逻辑关系，在今后推进马克思主义中国化时代化大众化的过程中，我们应当使理论面对现实，解决现实矛盾，尤其是中国特色社会主义进入新时代后所面临的新情况与新问题，使理论以现实为指向，在实践中丰富和发展马克思主义；直面当代人类社会发展所面临的现实困境与理论难题，推动马克思主义与当代其他理论的对话，不断为世界贡献中国智慧和中国方案；按照通俗化的原则构建马克思主义大众化话语体系，采取针对不同社会阶层和群体的理论传播策略，从而形成体系化、立体式、多样态、接地气的社会宣教网络。唯其如此，我们才能在新时代继续发展21世纪的马克思主义、当代中国的马克思主义。

巩固和壮大我国社会主义意识形态，离不开中国特色哲学社会科学的繁荣发展。哲学社会科学是人们认识世界、改造世界的重要工具，是推动历史发展和社会进步的重要力量，其发展水平反映了一个民族的思维能力、精神品格、文明素质，体现了一个国家的综合国力和国际竞争力。坚持和发展中国特色社会主义，需要不断在实践和理论上进行探索、用发展着的理论指导发展着的实践。在这个过程中，哲学社会科学具有不可替代的重要地位。当前，"我国哲学社会科学领域还存在一些亟待解决的问题。比如，哲学社会科学发展战略还不十分明确,学科体系、学术体系、话语体系建设水平总体不高,学术原创能力还不强;哲学社会科学训练培养教育体系不健全,学术评价体系不够科学,管理体制和运行机制还不完善;人才队伍总体素质亟待提高,学风方面问题还比较突出;等等。总的看,我国哲学社会科学还处于有数量缺质量、有专家缺大师的状况,作用没有充分发挥出来"。这就要求我们加快构建中国特色哲学社会科学。首先,紧扣主体性和原创性这两个重要标准,努力形成自成一家的知识体系、理论体系,形成反映当代中国气象、引领世界学术发展的中国学派;其次,应着力加强以马克思主义理论为指导的学科体系建设,注重顶层设计,鼓励创新,合理设置学科门类和不同层级的学科群;再次,要根据新时代的实际需要,积极进行具有中国风格、大众兼容、中外融通的话语体系建设;复次,依托教材体系建设这个重要载体,借助教材来呈现哲学社会科学学术思想体系、学科体系、话语体系成熟而新颖的成果。"四个体系"建设,涉及哲学社会科学的全方位、各领域、诸要素,是一个大的系统工程,需要统筹规划、协同联动。在构建过程中,我们还需秉承"二为"方向、"双百"方针,坚持继承性、民族性、原创性、时代性、系统性、专业性的原则,方能孕育出在中国土地上生长出来、体现中华民族的思维特质和文化品格、具有鲜明的时代性和先进性并在人类文明中起到引领作用的中国特色哲学社会科学。

基于更为宏观和长远的战略考虑,党的十八届三中全会通过的《中共中央关于全面深化改革若干重大问题的决定》提出,加强中国特色新型智库建设,建立健全决策咨询制度。那么新时代我们进行智库建设,应深化拓展国家高端智库建设试点,着力打造一批国家急需、特色鲜明、制度创新、引领发展的高端智库,更好地服务党和政府决策,更好地传播中国思想,促进国家治理体系和治理能力现代化,促进国家文化软实力提升。

第二，高度重视传播手段的建设创新与营造清朗的网络空间。任何一种理论若想产生广泛影响，既要有独特的思想魅力，又要有先进的传播手段。从某种意义上讲，意识形态建设就是传播能力建设。这就要求各级党委和政府坚持正确舆论导向，引导和推进传统媒体与新兴媒体的深度融合，旗帜鲜明巩固壮大主流舆论阵地，牢牢掌握舆论主导权。2014 年 8 月 18 日，习近平总书记在中央全面深化改革领导小组第四次会议上指出："坚持传统媒体和新兴媒体优势互补、一体发展，坚持先进技术为支撑、内容建设为根本，推动传统媒体和新兴媒体在内容、渠道、平台、经营、管理等方面的深度融合。"此次会议审议通过《关于推动传统媒体和新兴媒体融合发展的指导意见》。推动媒体融合发展，由此上升成为国家战略。经过多年来的摸索实践，我国媒体呈现出几类较为鲜明的路径探索：一是以人民日报"中央厨房"为特征的范式，其核心是起点高、气魄大、底气足；二是以上海文广集团为代表的"产业酵母"型范式，其主要特点是地方政府决策引路、统筹谋划，媒体整合力度大，同时充分运用资本市场、金融杠杆撬动深度融合；三是以浙江日报集团为代表的"商业运作"型范式，其特点是自身实力雄厚、市场发育充分。这些特点不同、精彩纷呈的推进融合的方式，为媒体的深度融合提供了许多借鉴，也增添了不少信心。在新的历史时期，从国家层面上考虑，要继续提高新闻舆论的传播力、引导力、影响力、公信力，推动国家整体传播能力的更大提升，应努力做好三方面工作：一是巩固强化党媒的主流地位和社会影响力，实现对意识形态和舆论导向的绝对把控和正向引导，讲好中国故事，传播好中国声音；二是作为实现国家政治安全和社会稳定的喉舌工具，必须管理、平衡、协调好官方、民间两个舆论场，掌握话语权，主导舆论方向；三是要通过行政推动和市场机制，实现媒体资源的结构性调整与重新配置，解决现代传播体系的科学构架与合理搭建问题，为主流媒体发展注入动力、活力。

作为当前意识形态工作的主阵地、最前沿，我们必须把互联网建设管理运用当成工作的重中之重。党的十八大以来，我国在互联网建设方面取得了长足进展。一是相关法律规范、管理办法的出台和完善，如 2016 年 11 月公布《中华人民共和国网络安全法》，2017 年 1 月中央网信办印发《国家网络安全事件应急预案》，国家互联网信息办公室于 2017 年 8 月公布《互联网跟帖评论服务管理规定》和《互联网论坛社区服务管理规定》，2017 年 8 月中共中央办公厅印发《党委（党组）网络安全工作责任制实施办法》，2021 年 8 月国务院印发《关键信息基础设施安全保护条例》，2021 年 12 月国家互联网信息办公室印发《互联网信息服务算法推荐管理规定》，2022 年 1 月国家互联网办公室等 13 部门修订《网络安全审查办法》等，都说明我国正在构建一个依法治网的规则和规范体系；二是相关部门的宣传和教育工作，在引导民众树立正确的网络使用观念方面发挥了良好的作用，积极健康、向上向善的网络文化正在形成；三是互联网作为党和政府同群众交流沟通的新平台，了解群众、贴近群众、为群众排忧解难的新途径，发扬人民民主、接受人民监督新渠道的作用日渐彰显。下一步，我们应当侧重互联网综合治理体系建设，以法治为保障，建立依法治网的法律体系，以机制为基础，筑牢舆情应对的牢固防线，以技术为利器，运用大数据创新舆情治理，以人才为关键，建设一支强大的内容网军，分清责任边界，确保责任落地，形成网络综合治理的强大合力，推动形成风清气正的网络生态。

第三，落实意识形态工作责任制。建立意识形态工作责任制，是加强党对意识形态工作领导的重大举措。首先，要坚持党管宣传、党管意识形态、党管媒体，切实抓好意识形态工作责任制落实；其次，要加强阵地建设和管理，认真贯彻主管主办和属地管理原则，切实做到守土有责、守土负责、守土尽责，使各类意识形态阵地始终成为传播先进思想文化的坚强阵地；再次，各级党委和政府要加强学习，注意区分政治原则问题、思想认识问题、学术观点问题，具体问题具体分析，不同问题采取不同的解决方式，既不能将学术问题和思想认识问题政治化，也不能将政治原则问题混同为学术观点或思想认识问题。目前网络舆情正是信息最多元且情况最复杂的领域，这势必要求各级干部既须积极了解网络，"要学网、懂网、用网，积极谋划、推动、引导互联网发展。要正确处理安全和发展、开放和自主、管理和服务的关系，不断提高对互联网规律的把握能力、对网络舆论的引导能力、对信息化发展的驾驭能力、对网络安全的保障能力"；又要善于运用网络，"学会通过网络走群众路线，经常上网看看，潜潜水、聊聊天、发发声，了解群众所思所愿，收集好想法好建议，积极回应网民关切、解疑释惑。善于运用网络了解民意、开展工作，是新形势下领导干部做好工作的基本功"。也只有如此，各级干部才能具备旗帜鲜明地反对和抵制各种错误思想的真本领。复次，要健全完善对意识形态工作责任制的检查考核制度，明确检查考核的内容、方法、程序，通过严格考核问责推动责任制落到实处。

三、结　语

习近平总书记在党的十九大报告中，把意识形态工作作为推进社会主义文化繁荣兴盛的首要内容,旗帜鲜明地提出要"牢牢掌握意识形态工作领导权",并在党的二十大报告中再次强调要"牢牢掌握党对意识形态工作领导权,全面落实意识形态工作责任制,巩固壮大奋进新时代的主流思想舆论",这是在深刻把握党领导意识形态工作长期积累的宝贵经验,特别是党的十八大以来创造的新鲜经验基础上提出的一项重大任务。恰如著名政治思想家萧公权先生所言:"惟能融旧,故吻合于国性民情。惟能铸新,故适应现代之需要"。总结以往经验,直面现实问题,勇于善于创新,以道御术,术以载道,这集中体现了党在意识形态领域治理方面一种治道与治术的贯通。

社会主义核心价值观是当代中国之"道"

　　社会主义核心价值观是当代中国精神的集中体现,凝聚着全体人民共同的价值追求。当今中国,正处于剧烈转型与诸多挑战的大时代,"其中比较突出的一个问题就是一些人价值观缺失,观念没有善恶,行为没有底线,什么违反党纪国法的事情都敢干,什么缺德的勾当都敢做,没有国家观念、集体观念、家庭观念,不讲对错,不问是非,不知美丑,不辨香臭,浑浑噩噩,穷奢极欲。现在社会上出现的种种问题病根都在这里。这方面的问题如果得不到有效解决,改革开放和社会主义现代化建设就难以顺利推进"。可见社会主义核心价值观是我们国家和民族魂之定所、行之依归,其建设之成效,直接关系社会和谐稳定,关系国家长治久安,其重要性不言而喻。

　　国无德不兴,人无德不立。究其本质,社会主义核心价值观,"就是一种德,既是个人的德,也是一种大德,就是国家的德、社会的德"。《中庸》有云:"小德川流,大德敦化,此天地之所以为大也。"德行如水,润物无声,千古不息,溯其源头,中华传统美德是社会主义核心价值观最为重要的根脉与来源。从总体上把握,中华传统美德应涵括古代、近代的思想道德精髓以及新民主主义革命和社会主义革命时期的革命道德传统。其蕴含的思想观念、人文精神、道德规范,不仅是我们中国人思想和精神的内核,对解决人类问题也有重要价值。

固本才能培元,温故方可知新。概而言之,中华传统美德是涵育社会主义核心价值观的重要源泉,社会主义核心价值观则为中华传统美德的当代传承与转化提供了价值引领。基于此种判断,笔者不妨就在处理两者关系时经常遇到的三个问题略作引申探讨。

其一,在思路上,当循名责实,返本开新。培育和践行社会主义核心价值观必须立足中华传统美德,经一番深入挖掘与阐发,从而实现创造性转化、创新性发展。那么这要求我们首先当从传统中寻求资源,盘点家底,真正厘清传统美德的脉络与次序。比如辨析民本思想的源流变迁、德治主张的利弊得失等,再如遵循从"明大德、守公德、严私德"的层面来考察传统美德与社会主义核心价值观国家、社会、公民三个层次如何一一对应与契合。唯有依此思路,才能实现对中华传统美德由"照着讲"到"接着讲"的继承与超越,赋予其新的内涵与价值。也只有这样,才能真正于会通中西、因革损益的过程中建构"中国的"——立足于中国的历史与现实情境、适合中国国情、具有中国特质、表现中国气派、蕴含中国精神的核心价值观。

其二,在实操上,须说"道"做"道",行胜于言。在传统中国思想文化体系中,"道"是其中最核心的概念,指代终极真理。那么社会主义核心价值观毫无疑问是当代中国的"道",它源于且高于传统之道。有价值的东西总是某一情景中的一种行动,它包含着对行动的内在要求,即要求被完成,换言之,"道"不单是一种"说法""讲法",更是一种"做法""活法",不能仅停留在说不清"道"不明的阶段,更要说"道"做"道"。因此无论是中华传统美德的传承与转化,还是社会主义核心价值观的培育和践行,贵在坚持知行合一、坚持行胜于言,在落细、落小、落实上下功夫。要注意把社会主义核心价值观日常化、具体化、形象化、生活化。传统美德为何历经数千年依然保有旺盛活力,正因在"三落""四化"方面确有其值得借鉴之处。

其三,在心态上,应胸怀长远,事缓则圆。无需讳言,近代以来中国始终处于旷古未有的大变局之中,为了实现独立、富强、文明的愿景,一代代国人前赴后继、孜孜以求,在上下求索过程中形成了一种焦虑感、紧迫感以至于求快速成的心态。然而,与很多领域的项目工程不同,中华传统美德的转化与创新绝不可能一蹴而就,社会主义核心价值观建设也是一项任重道远的长久工程。所以从某种意义上讲,我们应将这两项重任视为一项福泽后世的"功绩",而非扬名当代的"政绩",谋定而动,久久为功。

总之,社会主义核心价值观建设既不可能直接嫁接,也不可能完全延续;既要基于传统,又要符合现代人类文明。社会主义核心价值观这棵大树得以参天入云,硕果累累,依靠的是默默根植于中国文化沃土、为其汲取无穷营养的传统美德。所以,立足现实、回归生活、兼容并蓄、综合创新,这恐怕是我们处理二者关系所应具备的态度与路径。

准确把握"广泛践行社会主义核心价值观"的要义

社会主义核心价值观是凝聚人心、汇聚民力的强大力量。习近平总书记在党的二十大报告中明确强调:"从现在起,中国共产党的中心任务就是团结带领全国各族人民全面建成社会主义现代化强国、实现第二个百年奋斗目标,以中国式现代化全面推进中华民族伟大复兴。"这意味着,在全党全国各族人民迈上全面建设社会主义现代化国家新征程、向第二个百年奋斗目标进军的关键时刻,社会主义核心价值观在承载"当代中国精神的集中体现,凝结着全体人民共同的价值追求"之功能的同时,将被赋予与中心任务相契合的新内涵要义。

尤值注意的是,较之十九大报告于文化建设领域部署"培育和践行社会主义核心价值观"的工作,二十大报告在"推进文化自信自强,铸就社会主义文化新辉煌"部分明确提出"广泛践行社会主义核心价值观"的要求,可见经过新时代这十年的悉心培育,十九大以来五年的全力推进,社会主义核心价值观建设取得了良好的阶段性成就。放眼未来,我们务必在更为宏大、更为广泛、更为深层的领域进行教化,在实践笃行上扎扎实实下大功夫,得真实效。

一、以伟大建党精神为源头，培养担当民族复兴大任的时代新人

2021年2月，党史学习教育动员大会上，习近平总书记明确提出"中国共产党人精神谱系"的重要论断，即"在一百年的非凡奋斗历程中，一代又一代中国共产党人顽强拼搏、不懈奋斗，涌现了一大批视死如归的革命烈士、一大批顽强奋斗的英雄人物、一大批忘我奉献的先进模范，形成了井冈山精神、长征精神、遵义会议精神、延安精神、西柏坡精神、红岩精神、抗美援朝精神、'两弹一星'精神、特区精神、抗洪精神、抗震救灾精神、抗疫精神等伟大精神，构筑起了中国共产党人的精神谱系"。正是这些可贵的精神汇聚为理想信念的坚韧链条，源流相续，一脉承继，"跨越时空、历久弥新，集中体现了党的坚定信念、根本宗旨、优良作风，凝聚着中国共产党人艰苦奋斗、牺牲奉献、开拓进取的伟大品格，深深融入我们党、国家、民族、人民的血脉之中，为我们立党兴党强党提供了丰厚滋养"。

在庆祝中国共产党成立100周年大会上，习近平总书记又首次提出"坚持真理、坚守理想，践行初心、担当使命，不怕牺牲、英勇斗争，对党忠诚、不负人民的伟大建党精神"的重大命题，并着意强调"这是中国共产党的精神之源。一百年来，中国共产党弘扬伟大建党精神，在长期奋斗中构建起中国共产党人的精神谱系，锤炼出鲜明的政治品格。"该命题后来被写入《中共中央关于党的百年奋斗重大成就和历史经验的决议》之中，置于"夺取新民主主义革命伟大胜利"部分。

中国共产党人精神谱系之形成，是一个长期的构建过程，犹如一场前赴后继、锲而不舍的"精神长征"。它涵括大致三方面特质：作为其基本内核，理想信念如山，壁立千仞，屹立不倒；作为其鲜明特性，历史积淀若水，川流不息，奔腾浩荡；作为其实践属性，创新进取似火，所经之处，即可燎原。

作为中国共产党精神之源的伟大建党精神，它既是百年精神长征的源起，也是宝贵精神谱系的源头，更是不竭精神动力的源泉。其具备任何一种党的精神所不可替代的本源性、普遍性、延续性和整体性，既是众水之源泉，又是同趋之归宿。

要之，中国共产党人的精神谱系，其内容是中国共产党人在不同历史时期所形成的具体精神集合，这些精神共同构成了中国共产党人的精神谱系；伟大建党精神的对象是百年党史，它是回顾历史、立足当下、展望未来的精神总结。

从中国共产党人精神谱系到伟大建党精神，二者堪称2021年党史学习教育中所取得的至为重要的两大理论硕果，清晰深刻地揭示了中国共产党百年赓续成长的思想脉络与矢志不渝的精神道统。如此重要的理论总结与创新，又是无可替代的红色资源，必然列入大会主题之中，需要持续不断的深入研究，更需要发扬光大、用来凝心铸魂。因而党的二十大报告中强调须"弘扬以伟大建党精神为源头的中国共产党人精神谱系，用好红色资源，深入开展社会主义核心价值观宣传教育，深化爱国主义、集体主义、社会主义教育，着力培养担当民族复兴大任的时代新人"。这无疑说明以伟大建党精神为源头的中国共产党人精神谱系加深了社会主义核心价值观的红色基因和思想底蕴，势必成为未来宣传教育的重点，且宣传教育的关键群体是生逢其时的广大青年人。具体而言，首先，要发挥精神谱系价值引领的作用,促使青年学生在追求真理中看清历史发展的本质和主流,在坚定理想信念中把实现共产主义作为自己的崇高追求,在时代洪流中把民族复兴的使命扛在肩上,与党和国家的发展同频共振、同向同行,做到"坚持真理、坚守理想";其次,要实现精神谱系行动导向的功能,引导广大青年学生从初心使命中不断汲取丰赡养分和强大力量,在实现第二个百年奋斗目标的伟大征程中继续丰富并拓展精神谱系的理论内涵与实践外延,方能使红色基因真正代代传承、发扬光大,做到"践行初心、担当使命";再次,要呈现精神谱系精神激励的效果,教导青年学生坚定历史自信,发扬历史主动精神,引导教育青年学生必须坚持人民至上、自信自立、守正创新、问题导向、系统观念与胸怀天下的世界观和方法论,不断增强他们踔厉奋发的志气、骨气、底气,做到"不怕牺牲、英勇斗争";复次,要展现精神谱系情感凝聚的层面,通过不断实现以伟大建党精神为源头的中国共产党人精神谱系与社会主义核心价值观的融汇与升华,力求从情感上令广大青年人坚守不负人民的初心情怀,厚植爱党爱国爱社会主义的情感自觉,凝聚起实现中华民族伟大复兴的青春力量,为更好地团结、组织、动员堪当民族复兴大任的时代新人奋进新征程提供思想引领和行动指南,做到"对党忠诚、不负人民"。

二、推动理想信念教育常态化制度化,不断坚定中国特色社会主义共同理想

理想信念是精神之柱、力量之源。习近平总书记曾语重心长地讲:"坚定理想信念,坚守共产党人精神追求,始终是共产党人安身

立命的根本……形象地说,理想信念就是共产党人精神上的'钙',没有理想信念,理想信念不坚定,精神上就会'缺钙',就会得'软骨病'。"他还如此寄语未来担负民族复兴大业的时代新人,"重中之重是要以坚定的理想信念筑牢精神之基。这个理想信念,就是对马克思主义的坚定信仰,对社会主义和共产主义的坚定信念,对中国特色社会主义道路、理论、制度、文化的坚定自信"。可见理想信念教育须持之以恒、常抓不懈。正基于此,党的十九届四中全会强调要"推动理想信念教育常态化、制度化",这为筑牢共同理想信念、凝聚强大精神力量提供了坚实的制度支撑,具有重大而深远的意义。二十大报告又将此要求纳入践行社会主义核心价值观领域当中,体现了该项工作的重要性及党中央政策部署的延续性。

推动理想信念教育常态化制度化,关键在于筑牢党员干部、青少年等重点群体的理想信念之基。围绕该工作,须多维共促,形成合力。第一,要加强顶层设计,构建科学合理的理想信念教育制度体系,这是推进理想信念教育常态化制度化的必要前提和重要基础。理想信念教育的常态化开展、制度化推进,涉及教育的内容、形式、方法、渠道、机制等多方面内容,需要以整体思维与系统理念来推进理想信念教育制度建设工程。其中最重要的内容当属党史、新中国史、改革开放史、社会主义发展史宣传教育。应深化以党史为重点的四史学习教育,同时可适当拓展到中华民族发展史,编写出版权威教材、创作相关题材文艺作品、制播专题节目,集中宣传四史中的杰出革命英雄、建设楷模和时代先锋。同时围绕"七一""八一""十一"等重大时间节点,依托革命历史类纪念设施、遗址和爱国主义教育基地等载体,加强爱国主义、集体主义、社会主义教育,弘扬党和人民在各个历史时期奋斗中形成的伟大精神。第二,应增进文化滋养,把中华优秀传统文化融入理想信念教育之中。"中华文明源远流长、博大精深,是中华民族独特的精神标识,是当代中国文化的根基,是维系全世界华人的精神纽带,也是中国文化创新的宝藏",毫无疑问是理想信念教育的重要资源。要大力推进中华优秀传统文化教育,使其成为理想信念教育的重要内容。特别是将中华优秀传统文化创造性转化、创新性发展的最新成果源源不断融入教育当中;大力推动中华优秀传统文化同社会主义社会相适应,比如倡导与鼓励各地开展"我们的节日"主题活动,以期振兴中国传统节日,运用春节、元宵节、清明节、端午节、七夕节、中秋节、重阳节等凝聚中华民族的价值共识,增进家国情怀,从而展示中华民族的独特精神标识,更好构筑中国精神、中国价值、中国力量。同时,要推进革命文化和社会主义先进文化教育,特别是要将红色文化融入到理想信念教育中。第三,当坚守网络阵地,积极开展网络理想信念教育。可以预想,网络理想信念教育将是未来这项工作极大的生长点甚至重要主战场之一。因此,首先要加强互联网理想信念教育内容建设,保证教育内容的科学性、时代性。其次要通过网络宣传形式、方法、手段创新,提升网络理想信念教育的吸引力和亲和力,让"Z世代"由"被动灌输"转向"主动选择、接受"。再次要综合运用全程媒体、全息媒体、全员媒体、全效媒体等融媒体,创新理想信念教育方式,发挥全程媒体对理想信念教育的全程性、追踪性、即时性、完整性等特点,对理想信念教育采用全过程干预和影响,保证预期效果的实现。第四,注重践行,于社会实践中坚定理想信念,可以整合多方面资源,采取多样的形式,通过案例式、体验式、沉浸式、对比式等丰富的社会实践活动来达到理想信念教育知行合一的最终目标。

三、把社会主义核心价值观融入法治建设、
社会发展和日常生活

　　早在 2014 年主持十八届中央政治局第十三次集体学习时的讲话中，习近平总书记就强调："要注意把我们所提倡的与人们日常生活紧密联系起来，在落细、落小、落实上下功夫。要按照社会主义核心价值观的基本要求，健全各行各业规章制度，完善市民公约、乡规民约、学生守则等行为准则，使社会主义核心价值观成为人们日常工作生活的基本遵循。"应当说，经过近些年的推进、引导与实践，把社会主义核心价值观融入法治建设、社会发展和日常生活很见成效。根据党的二十大报告中的具体部署，结合当前的现实情况，应继续加强社会主义核心价值观融入法治建设和推进大中小学思想政治教育一体化两项工作。

　　党的二十大报告中指出，"弘扬社会主义法治精神，传承中华优秀传统法律文化"。这提示我们要用法律来推动社会主义核心价值观建设，注重在日常管理中体现价值导向。充分发挥法律和政策的保障作用，把社会主义核心价值观融入法治国家、法治政府、法治社会建设全过程，贯穿立法、执法、司法、守法各方面。要以法律手段正确引导社会价值判断，既要保护好人民群众的根本利益，又要严肃惩处恶意危害社会公德和社会诚信行为，为社会治理和道德规约提供有效法律保障。还要持续深入开展道德领域突出问题专项治理和教化，对恶意违反社会公德、社会道德的行为依法惩处，努力使社会治理的过程成为广泛践行社会主义核心价值观的过程。同时我们须制

定引导公民文明行为养成、提高公民文明素质和社会文明程度的法律制度,引导和推动全民树立文明观念,推进移风易俗,树立文明新风。

习近平总书记在学校思想政治理论课教师座谈会上指出:"在大中小学循序渐进、螺旋上升地开设思想政治理论课非常必要,是培养一代又一代社会主义建设者和接班人的重要保障。"2022年4月25日,在中国人民大学考察时,习近平总书记又强调,"广大青年要做社会主义核心价值观的坚定信仰者、积极传播者、模范践行者","思想政治理论课能否在立德树人中发挥应有作用,关键看重视不重视、适应不适应、做得好不好……鼓励各地高校积极开展与中小学思政课共建,共同推动大中小学思政课一体化建设"。大中小学思想政治教育一体化是推进社会主义核心价值观在学校与青年人群体走向深入的现实需要。具体而言,一是实现教育目标和课程内容的一体化;二是加强以理想信念教育为核心内容的思政课一体化课程群建设;三是推进课程教材一体化建设。最终实现"为谁培养人、培养什么人、怎样培养人"的根本任务。

"核心价值观,其实就是一种德,既是个人的德,也是一种大德,就是国家的德、社会的德。"二十大报告中强调"广泛践行社会主义核心价值观",其立意就在于明确行动导向,促使德化天地,德润人间,此亦即我们今后矢志努力的目标。

加强文化遗产保护，赓续中华文化基因

　　历史文化遗产是不可再生、不可替代的宝贵资源，是历史留给全人类的珍贵财富。回顾历史，支撑中华民族走到今天的，支撑5000多年中华文明延绵至今的，是植根于中华民族血脉深处的文化基因，其中积淀着无数国人看待世界、看待社会、看待人生的独特价值体系、文化内涵和精神品质，历史文化遗产无疑是至为关键的载体与媒介，因此要始终把保护放在第一位。

　　党的十八大以来，以习近平同志为核心的党中央立足实现中华民族伟大复兴的战略全局，将文化遗产保护弘扬置于十分重要的高度，进行战略谋划、全面部署、统筹推进，走出一条符合国情的文化遗产保护利用之路。十九届五中全会明确擘画了建成文化强国的具体时间表和路线图。"十四五"规划和2035年远景目标纲要提出"深入实施中华优秀传统文化传承发展工程，强化重要文化和自然遗产、非物质文化遗产系统性保护，推动中华优秀传统文化创造性转化、创新性发展。加强文物科技创新，实施中华文明探源和考古中国工程，开展中华文化资源普查，加强文物和古籍保护研究利用，推进革命文物和红色遗址保护，完善流失文物追索返还制度。建设长城、大运河、长征、黄河等国家文化公园，加强世界文化遗产、文物保护单位、考古遗址公园、历史文化名城名镇名村保护。健全非物质文化遗产保护传承体系，加强各民族优秀传统手工艺保护和传承"。站在新的历史方位与起点，我们需要更加深入地理解文化遗产保护的重大价值和意义，准确把握新时代加强文化遗产保护弘扬的原则与任务。

文化遗产承载灿烂文明，传承历史文化，维系民族精神，是加强社会主义精神文明建设的深厚滋养。首先，文化遗产保护关乎阐释文明特质，赓续文化基因。当代中国是历史中国的延续和发展，从文明古国迈向文化强国，绝不能遗忘历史、凿空而建，理应在充分汲取历史资源、继承文化遗产中接续前行。党的十八大以来，党中央一直强调要讲清楚每个国家和民族的历史传统、文化积淀、基本国情不同，其发展道路必然有着自己的特色；讲清楚中华文化积淀着中华民族最深沉的精神追求，是中华民族生生不息、发展壮大的丰厚滋养；讲清楚中华优秀传统文化是中华民族的突出优势，是我们最深厚的文化软实力；讲清楚中国特色社会主义植根于中华文化沃土、反映中国人民意愿、适应中国和时代发展进步要求，有着深厚历史渊源和广泛现实基础。这念兹在兹的"四个讲清楚"，恰恰需要博大深厚的历史文化遗产给出鲜明的"中国答案"。宁夏水洞沟、浙江上山、辽宁牛河梁、陕西石峁、河南二里头、四川三星堆等重要考古发现层出不穷；丝绸之路、土司遗址、良渚古城、泉州等申遗捷报频传；42项非遗项目被列入联合国教科文组织名录，国家、省、市、县四级非遗产项目名录体系建成……这一系列成就更加清晰揭示出中华文明的独特本质和发展的历史脉络，有利于增强民族凝聚力、民族自豪感。

其次，文化遗产保护关乎坚定文化自信，彰显中国精神。文化自信是一个国家、一个民族发展中最基本、最深沉、最持久的力量；中国精神是中华民族赖以长久生存的灵魂。自信需载之于物，精神须事上显现。十八大以来，良渚、陶寺、三星堆等实证文明起源绵延的大型遗址，黄河、大运河、长城、长征等纵横古今千载、贯穿华夏经纬的国家文化公园，敦煌、云冈等印证文明交流互鉴的丝路瑰宝，南湖、红船、沂蒙老区等深藏红色基因的革命圣地……文化遗产留存着沧桑辉煌的过往，见证着蒸蒸日上的当下，亦昭示着伟大复兴的未来。所以，在悉心保护的同时，应深入阐发文化遗产所蕴含的文化自信、中国精神，从而激发中华儿女坚守正道的定力、民族认同的合力、振奋人心的伟力和改革创新的活力。

再次，文化遗产保护关乎文明互鉴，展示真实中国。数千年来，中华文明具有独特文化基因和自身发展历程，植根于中华大地，同世界其他文明相互交流，与时代共进步，有着旺盛生命力。中华文明之所以不曾中断，重要原因就在于其本质是活态的、流动的，是始终与其他文明交流互鉴的。君不见，三星堆中多元文化巧妙互融，丝绸之路上中外文明交相辉映，唐代长安云门常奏友朋纷至、南宋泉州千帆竞发百舸争流。可以说，文化遗产是不言自明的"世界通用语"，加强文化遗产保护，不仅具有中国意义，更具有世界意义，这有利于突出中华文明历史文化价值、有利于体现中华民族精神追求、有利于向世人展示全面真实的古代中国和现代中国。

回顾往昔，成就巨大，放眼未来，任重道远。我们应清醒地看到，伴随着城镇化、工业化进程急遽向前，人民群众的生活方式、文化需求也因之多有变迁，目前我国在文化遗产保护弘扬方面，还存在不少与时代发展不适应之处。比如，一些地方仍不时发生"建设性"破坏现象，文保安全风险依然不容乐观，文化遗产价值挖掘阐释力度不足，公共文化服务水平有待提升，国际文化遗产交流能力尚需增强，专业人才队伍尤其是基层人才培养还显薄弱。因此，我们必须坚持以党中央的重要指示政策为遵循，坚持保护为主，务求抢救第一，做到科学保护、完整保护，将不可复制的财富原汁原味留传给子孙后代。秉承守正创新，注重有机结合。习近平总书记多次强调，让文物说话，让历史说话，让文化说话。因此要切实做到在保护中发展、在发展中保护，深入推进创造性转化和创新性发展，让文化遗产达致旧物光复、焕发新生之效果。倡导美美与共，增进交流互鉴。文化遗产已成为当今联结世界不同文明形态、不同社会制度之间的对话桥梁，应当积极参与文化遗产领域全球治理和公共产品供给，不断贡献中国方案、中国智慧、中国力量。加强人才培养，健全相关机制。"人能弘道，非道弘人"，人才是文化遗产保护弘扬的主体和根本，必须着力构建与工作相匹配的管理机构和专业队伍，健全人才培养、使用、评价和激励机制，确保机构健全、队伍稳定。

毫无疑问，以实现文化现代化为旨归的文化强国建设，须在守正中出新，于固本中前行。党的二十大报告指出，"加大文物和文化遗产保护力度，加强城乡建设中历史文化保护传承，建好用好国家文化公园"。展望2035年，我们所铸就的中华文化新辉煌，当浸润着自身民族浓厚的"文化乡愁"，这即是文化遗产的韵味所在。

关乎国家文化数字化全局的战略部署

　　1995 年，美国学者尼古拉斯·尼葛洛庞帝在《数字化生存》（*Being Digital*）一书中曾预测："数字时代已势不可挡，无法逆转。人类无法阻止数字时代的前进，就像无法对抗大自然的力量。数字化的未来将超越人们最大胆的预测，数字化生存是人类要面临的最重要现实。"时至今日，数字化时代已然降临，它正撬动着诸多行业乃至整个社会变革的渐次展开。文化数字化自然是其中不可或缺的一部分。

　　2022 年 5 月，中共中央办公厅、国务院办公厅印发了《关于推进实施国家文化数字化战略的意见》（简称《意见》），这既是按计划、高质量完成 2035 年远景目标"建成文化强国"的必然战略选择，也是基于近年来文化数字化建设快速、活跃、全面、强势发展现状而做出的必要现实规划，可谓一份关乎国家文化数字化全局的战略部署。

　　溯其发端，我国的文化数字化建设由来已久。早在 2000 年，习近平总书记在福建工作时，即高瞻远瞩地提出建设"数字福建"的战略，强调"数字化、网络化、可视化、智慧化"，文化是其中重中之重。到了《国家"十二五"时期文化改革发展规划纲要》推出时，文件明确提出"文化数字化建设工程"，包含从文化资源数字化到文化生产数字化再到文化传播数字化,换言之要实行全面数字化。这意味着从地方实践到中央决策,由总体规划到逐层落地,我国文化数字化建设工程稳步前行。

此后近十年里,我国文化数字化建设卓有成效。如文化资源数字化方面,中央财政分三次拨付资金支持中国唱片总公司对老唱片进行数字化修复,对 20 世纪 20 年代到 90 年代的约 13 万面唱片金属模板、4.5 万盘磁带母版的录音及相关的大量文字资料进行数字化处理。文化生产数字化方面,国家于 2014 年支持数据库建设、2015 年建设行业级平台、支持新闻出版业数字化转型升级项目 301个。文化传播数字化方面,2012 年,中央财政支持北京歌华开展"电视图书馆"试验,至 2017 年试验成果已推广 9 个省市,覆盖高清互动电视用户近 5000 万户。2018 年,习近平总书记提出全面实施国家大数据战略,次年,科技部会同中宣部等发布《关于促进文化和科技深度融合的指导意见》,明确贯彻国家大数据战略,加强顶层设计,加快国家文化大数据体系建设。

多年悉心灌注,终将水到渠成。2020 年,党的十九届五中全会通过的《中共中央关于制定国民经济和社会发展第十四个五年规划和二〇三五年远景目标的建议》着重强调未来须加快数字化发展,"建立数据资源产权、交易流通、跨境传输和安全保护等基础制度和标准规范,推动数据资源开发利用。扩大基础公共信息数据有序开放,建设国家数据统一共享开放平台"。在文化领域明确提出"两个数字化":推动公共文化数字化建设和实施文化产业数字化战略,这无疑标志着文化数字化已确立为国家战略。

究其内容,我国的文化数字化战略整体推进。成绩固然可喜,但重任仍迫在眉睫。比如怎样更好地通过文化数字化建设提升维护国家文化安全能力？如何通过加强国家重大文化设施和文化项目建设以提升公共文化服务水平？在文化数字化战略的引领下，如何加快发展新型文化企业、文化业态、文化消费模式，健全现代文化产业体系？《意见》中都给出了分清阶段、全面覆盖、彼此关联的部署。

以阶段性来说，《意见》立足前后相续、步步为营。其指出，到"十四五"时期末，要着力实现基本建成文化数字基础设施和服务平台、基本贯通各类文化机构的数据中心、基本完成文化产业数字化布局、公共文化数字化建设提上新台阶和形成文化服务供给体系等五项近期目标；放眼2035年，则要实现建成国家文化大数据体系、文化数字化生产力快速发展、中华文化全景呈现、中华文明数字化成果全民共享和中华文化数字化优秀创新成果享誉海内外等中长期任务。

就整体性而言，《意见》强调综合施策，全程发力。其涵盖了中华文化数据库、国家文化专网、文化数据服务平台、数字化转型升级、数字化文化消费新场景、公共文化服务数字化水平、文化产业数字化布局、文化数字化治理体系等领域，意在供给侧发力、激活各类文化资源且贯通各部门各行业、贯穿文化建设的全过程。

从关联性上看，《意见》注重内外打通，彼此赋能。世界文明因互鉴而多姿多彩，文化数据因关联而增值赋能。以往文化建设所面临的一个问题，即各部门诸单位都藏"金砖"，却不能聚成"金山"，缺乏有机深度的关联融合。2021年，文旅部发布实施的《"十四五"文化和旅游发展规划》明确提出"文化赋能"。可见，文化与国民经济其他产业间的跨界融合将更趋全面、广阔而深入，科技将助力全民族文化创造活力全方位激发，文化与其他行业的融合将从内容、载体、形式等方面向生产方式、生活方式、价值理念等方面的融合拓展。正如习近平总书记所指出的，"文化和科技融合，既催生了新的文化业态、延伸了文化产业链,又集聚了大量创新人才,是朝阳产业,大有前途"。具体到国家文化数字化战略,就应兼顾供给侧与需求侧,打通资源端、生产端、消费端和云端,从而构建起一套由国家主导的文化大数据体系,新被旧所融,旧因新而活,实现彼此所蕴含价值的极大化、"再发现"乃至聚合效应。

观其影响,我国的文化数字化战略意义深远。著名文化体制改革专家高书生先生认为,当前的国家文化数字化战略犹如一场宣传文化全战线"大会战",此喻可谓甚贴切。中华民族拥有着5000多年的文化资源,唯有通过持续推进国家文化数字化战略,才能守护住数据安全"闸门",从而保存完整的文化基因数据,保障国家文化数据安全。该战略是推动中华优秀传统文化创造性转化、创新性发展的有效路径,满足广大人民群众对精神文化生活的需求,从而更好地揭示中华民族的文化精神、文化胸怀和文化自信。同时,这也为讲好中国故事提供了坚实的战略支撑,为创新推进国际传播,加强对外文化交流和多层次文明对话提供了文化与科技动力。党的二十大报告指出,"实施国家文化数字化战略,健全现代公共文化服务体系,创新实施文化惠民工程"。如上,正是2035年"建成文化强国"目标的题中应有之义。

深入把握"国家文化公园"的内涵与功能

　　2017 年 5 月，中共中央办公厅、国务院办公厅印发的《国家"十三五"时期文化发展改革规划纲要》中明确提出，规划建设一批国家文化公园，形成中华文化的重要标识。党的十九届五中全会审议通过了《中共中央关于制定国民经济和社会发展第十四个五年规划和二〇三五年远景目标的建议》明确提出，建设黄河、长城、大运河、长征等国家文化公园。2022 年 1 月，长江国家文化公园建设正式启动。毫无疑问，这是党和国家深入推进文化保护与建设的重大工程。国家文化公园作为承载国家或国际意义文化资源的重要载体，是传播传承文化、展现文化自信的重要媒介，是筑牢自然和文化生态的重要屏障。

　　"国家文化公园"是一个全新的提法，其立意十分高远。当今世界，全球化乃大势所趋且愈加深入。此浪潮会伴随世界范围的商品大流通、贸易大繁荣、投资大便利、技术大发展、人员大流动、信息大传播而超越国家和民族界限，从而一定程度上消解国家的功能、权威和文化认同。国家文化公园的建设，正是国家依托深厚的历史积淀、磅礴的文化载体和不屈的民族精神，着力构建和强化中国国家象征，对内强调民族化和本土化，服务于中华民族伟大复兴实现；对外适应国际化和普遍化,促进世界异文化之间的交往和文化多样性的保有与存续。

客观而言,时至今日,学界对于究竟如何界定此概念尚无确论,可见循名责实地深入探讨"国家文化公园"的内涵与功能,依然十分必要。

立足概念本身,"国家文化公园"至少涵括三个层面的内容:即其首先强调整合一系列文化遗产后所反映的整体性国家意义;其次由国民高度认同、能够代表国家形象和中华民族独特精神标识、独一无二的文物和文化资源组成;再次是具有社会公益性,为公众提供了解、体验、感知中国历史和中华文明以及作为社会福利的游憩空间,同时鼓励公众参与其中进行保护和创造。申言之,黄河、长城、大运河、长征、长江,无一不具备"国家"、"文化"和"公园"三重属性。

"国家"是国家文化公园的鲜明底色。2021 年 5 月 31 日,在主持十九届中央政治局第三十次集体学习时,习近平总书记强调"要围绕中国精神、中国价值、中国力量,从政治、经济、文化、社会、生态文明等多个视角进行深入研究"。可见国家立场是我们进行文化建设的基本宗旨。因此国家文化公园要永葆"国家"底色,始终立足国家高度。从制度层面来看,习近平总书记亲自谋划、推动,中央相继印发了《国家"十三五"时期文化发展改革规划纲要》《长城、大运河、长征国家文化公园建设方案》,这体现了党中央、国务院对其高度重视。这也意味着国字号的定位将得到国家经费的支持,有了国家经费的支持,遗产保护和修复工程、民生工程、基础设施建设、科研投入、对外传播等方面将主要由政府出资,以确保总体上的公益性基调。

从形象选取而言,国家文化公园是要整合具有突出意义、重要影响、重大主题的文物和文化资源。这些文化资源必须含有中华文化深刻内涵和重要文化特征,具有国家代表性,能够代表国家形象、彰显中华文明,且具有"国民认同度高"等特点。九曲黄河,奔腾向前,以百折不挠的磅礴气势塑造了中华民族自强不息的民族品格,是中国当之无愧的"母亲河";长城凝聚了中华民族自强不息的奋斗精神和众志成城、坚韧不屈的爱国情怀,已经成为中华民族的代表性符号和中华文明的重要象征;大运河是祖先留给我们的宝贵遗产,纵横三千里、绵延两千年,沟通京津、燕赵、齐鲁、中原、淮扬及吴越区域,连接大江与大海,贯穿域内和域外,是流动的文化,平衡了东西,调和了南北,兼济了天下,维系了中华民族的恒久气运;伟大长征,实现了中国共产党和中国革命事业从顿挫走向辉煌的伟大转折,翻开了中华民族伟大复兴历史进程的崭新篇章,已升格为中华民族的不朽史诗;长江在中华文明的起源中发挥了极为重要的作用,是中华文明多元一体的标志性象征,很大程度上丰富了中华文明的文化多样性,"江河互济"构建了中华民族共有的精神家园。

"文化"是国家文化公园的内在灵魂。文化是一个国家、一个民族的灵魂。文化兴国运兴,文化强民族强。没有高度的文化自信,没有文化的繁荣兴盛,就没有中华民族伟大复兴。国家文化公园的创建,清晰体现了党中央对自身国家文化特质的尊重。首先,无论是黄河、长城,抑或大运河、长征、长江,都是中华民族独一无二的承载着最深层文化记忆的符号。文化符号是人类特有的文化表达方式,依靠符号媒介,某种文化意义得到集中的表达和传播。国家文化公园建设,为不同的地域性文化认同圈提供了一个统一而宏大的文化符号,具有强大的文化感召力和包容性,将沿线众多文化子系统中的文化符号有机地联结起来。说起黄河文化,很自然便想到它是中华民族的根和魂,由天上而来的黄河水不容分说地冲击出一个"几"字形的辽阔地域,也为中华文明拓展开一条文化路线,将沿岸各地的人与物涵濡浸润成紧密的有机体。言及长城文化,古人一首首类似"黄河远上白云间,一片孤城万仞山"的诗句,蕴含着他们厚重乃至沉重的长城记忆,展现了当年诸多王朝的无限荣光与民族悲凉;近代以降,《义勇军进行曲》里的"把我们的血肉,筑成我们新的长城"则以昂扬激越的旋律,将长征视作自强不息、坚韧不拔、前赴后继、众志成城的伟大民族象征。提到大运河文化,基于中国传统文化中"上善若水"的深喻,人们常将运河经行之地所形成的会通天下、广济八方的"水道"、通衢百业、雅俗并存的"商道"和兼容并蓄、多彩荟萃的"世道"融汇于一条巨流当中。形容长征文化,它一定依托自然和人文地理媒介,共同凝铸成一套地理符号系统,用空间性、地域性的文化符号语言,赋予了这一革命壮举以历久弥新、不断重塑的精神意义。长江流域是我国早期人类生存和演化的重要地区之一,也是我国水量最丰富的河流,造就了以巴山蜀水到江南水乡的千年文脉,是中华文明的标志性象征和中华民族的代表性符号之一。

其次,国家文化公园更蕴含着中华民族千百年来存亡绝续的文化基因和精神密码。中华文明在漫长的历史演进过程中,孕育了灿烂深厚的中华文化。这些源远流长的中华文化,是中华民族最深层次精神追求的文化基因,是中华民族独特的精神标识,更是维系民族情感的重要精神纽带。中华民族的精神深深埋藏于绵延的历史之中。浩荡黄河与多元一体、勤劳勇敢密切相关,雄伟长城与家国情怀、团结抗争有机关联,不竭大运河与包容运化、人定胜天若合符节,伟大长征与理想信念、实事求是合为一脉。

"公园"是国家文化公园的基本定位。既然国家文化公园代表着"国家"的顶层设计,意在展示宏观格局;"文化"体现了本质属性,贵在强化情感关联;那么"公园"则是权属表达和空间限定,拥有不可替代的复合功能。第一,它是文化资源的宝库与中华民族的精神家园。确定诸如黄河、长城、大运河、长征、长江这般具有突出意义、重大主题、重要影响的文物和文化资源,必须实施公园化管理运营,对文物本体及环境实施严格保护和管控,对濒危文物实施封闭管理,对文化生态系统进行整体保护,并以此为基础,从国家意义和国家形象层面提炼国家文化公园的精神文化 IP,以期凝聚中国精神、中国价值、中国力量。第二,它是文化交流与展示的平台。文化本是"活态的",自然要"活起来"。国家文化公园是要将"文化"继续激活,将其具象化,以看得见、摸得着的形式展现出来,以便在人们的赏析、休闲、体验、健身、旅游过程中,增强文化的存在感、传播力及影响力。第三,文化与旅游深度融合发展的舞台。文旅融合是国家文化公园活化利用资源的重要路径。国家文化公园纵横众多地域、文化类型多元,具有半封闭半开放性的特点,与周边城镇、乡村聚落联系紧密。因此单靠中央和各级政府长期"输血"式保护并不现实。它必将参与到周边城镇经济、社会发展的大潮中来,具备自我"造血功能"。

一个国家、一个民族的强盛,总是以文化兴盛为支撑的,中华民族伟大复兴需要以中华文化发展繁荣为条件。国家文化公园的构建,无疑是在民族复兴、文化强国、旅游发展的三重时代背景下展开的,是从"国家""文化""公园"三个词语意义脉络中进行的话题建构,有着塑造国家象征、促进全民族文化认同、建设多功能公益项目的内在逻辑联系,势必关乎未来中国文化建设和文明复兴的大局。

以文化繁荣助力乡村振兴

2021 年 7 月,文化和旅游部发布《"十四五"公共文化服务体系建设规划》(简称《规划》)。《规划》对"十四五"时期现代公共文化服务体系建设作出全面部署,提出了工作总体要求、主要任务和保障措施,为当前和今后一段时期的公共文化服务体系建设明确了时间表和路线图。其中尤为引人关注的是,该规划将推动城乡公共文化服务体系一体建设作为首要任务,着力补齐城乡基层短板,努力促进城乡协同发展,全力缩小城乡公共文化服务差距,体现了"十四五"期间国家对公共文化服务领域工作的清醒认识与科学定位。

公共文化服务是丰富人民群众精神文化生活、传承中华优秀传统文化、弘扬社会主义核心价值观、增强文化自信、促进中国特色社会主义文化繁荣发展、提高全民族文明素质的重要方式,也是提升国家文化软实力、切实保障与满足人民群众美好生活新期待的新时代使命。客观而言,当前,我国文化建设的重点和难点依然在农村,补齐农村基层短板的任务依然复杂而艰巨。在 2020 年中央农村工作会议上,习近平总书记强调,"从中华民族伟大复兴战略全局看,民族要复兴,乡村必振兴",并指出"要加强社会主义精神文明建设,加强农村思想道德建设,弘扬和践行社会主义核心价值观,普及科学知识,推进农村移风易俗,推动形成文明乡风、良好家风、淳朴民风"。没有农业农村的现代化,就没有国家的现代化;没有乡村的振兴,就没有中华民族伟大复兴;没有农村文化水平的繁荣多彩与群众文明程度的全面提升,就谈不上真正的乡村振兴;在全面推进乡村振兴战略的进程中,文化建设不能缺席,公共文化服务的奠基作用愈加凸显。

也正是精准研判未来发展趋势,《规划》秉承坚持正确导向、以人民为中心、改革创新与系统推进的基本原则,在文化繁荣助力乡村振兴工作部署方面,体现了三大"亮点"。

提升服务,标准先行,强化标准是重中之重。早在2015年,中共中央办公厅印发《关于加快构建现代公共文化服务体系的意见》,并配发了基本公共文化服务指导标准,明确了以标准化促进均等化的基本思路,并在2016年出台的公共文化服务保障法中予以确认。2021年2月,国家发展和改革委员会联合有关部门印发了《国家基本公共服务标准(2021年版)》,更新了基本公共文化服务领域的国家标准。《规划》重申了以标准化促进城乡基本公共服务均等化的思路,体现了政策精神的延续与递进,旨在形成有机统一、相互衔接的标准体系。这种多层次标准体系的建立,坚持国家标准兜底线和地方实际促特色相结合,一方面对各级政府形成一种制度化的约束,使辖区内各级相关部门和机构大致按统一标准提供公共文化服务,从而缩小城乡差距,保障基本公共文化服务均等化;另一方面有利于激发地方探索创新的积极性,得以因时因势施策、因地因人制宜地解决本地居民的文化需求。

机制完善,贵在联动,注重协同是必然之举。历经三个"五年"规划的有序发展,我国公共文化服务体系建设已经由"有没有"向

"好不好""强不强"转变。当前公共文化服务供给仍存在不均衡不充分等问题，一方面边远地区和部分乡村地区基层公共文化设施不达标、服务不到位，另一方面基本公共文化服务难以满足人们日益增长的高端文化需求和特殊文化需求。面对区域与城乡差别，在顶层设计和服务供给时，应当兼顾不同层次的文化需要。具体到乡村，《规划》明确给出了一套有效的协同机制：即通过总分馆制、城乡对口帮扶、文化惠民工程、流动文化服务、文化志愿服务等形式，促进城市优质文化资源向农村基层辐射和延伸，形成以城带乡、城乡互动、协同发展的良好局面。

文化振兴，贵在化人，紧抓实效是关键目标。归根结底，乡村振兴的核心，当是人的振兴，广大人民群众的振兴，当是努力实现他们物质和精神的"共同富裕"，这也就实现了人的全面发展。《规划》提出"推动县乡村公共文化设施与新时代文明实践中心融合发展"，着眼于提升农村居民的文化素养和文明素质，使文化成为传承乡村文化、涵育乡风文明的重要因素。广大乡村也是文化资源丰富、生态环境优良的地区，蕴含着提升乡村文化旅游的巨大潜力。特别是《规划》中倡导"鼓励开展乡村节日民俗活动，举办'村晚'等群众广泛参与的文化活动。紧密结合美丽乡村建设，培育乡村网红，开展民族民俗文化旅游示范区建设试点"等内容，鲜明彰显出公共文化服务的时代性、地域性特质。

"九层之台，起于垒土"。乡村振兴是一项长期性、系统性工程，文化振兴则是产业振兴、人才振兴的重要支撑。正如《规划》中所展望的，在基本实现社会主义现代化之际，"城乡间、区域间公共文化发展差距明显缩小，人人参与、全民共享的公共文化服务发展局面基本形成，人民群众对美好精神文化生活的新期待得到更好满足"。

党的二十大报告对全面推进乡村振兴作出全面部署,并指出"加快建设农业强国,扎实推动乡村产业、人才、文化、生态、组织振兴"。围绕这些目标,我们唯有实现在公共文化服务政策上的善治、水准上的精治、机制上的共治、功能上的优治与时效上的长治,才能既为乡村文化"输血",更为其"造血",在全面推进乡村振兴的进程中为其注入源源不竭的文化力量。

第三篇
文化根脉所依

"民族祖脉，文化象征"：
秦岭的历史文化意义

"夫国必依山川，山崩川竭，亡国之征也。"古往今来，山脉作为国家的精神标识与民族的文化象征有其独特的重要价值。众所周知，中国名山众多，各有千秋。位于华夏腹地、界分南北的秦岭，又有着极其特殊且无可替代的历史文化意义。2020 年 4 月 20 日，习近平总书记在陕西牛背梁国家级自然保护区考察时指出，"秦岭和合南北、泽被天下，是我国的中央水塔，是中华民族的祖脉和中华文化的重要象征"。再次凸显出秦岭之于我们民族、国家文化的显著地位。

何为"祖脉"？简言之，它犹如万流之源，绵延不竭，祖先诞生于此，民族形成于此，历史开端于此。莽莽秦岭，人文悠悠。距今 115 万年前，蓝田人已在山谷间繁衍生息，此后半坡人、郧西人和仰韶人留下了他们的足迹，古人类在此聚合交融。恰如考古学泰斗苏秉琦先生所指出的，从宝鸡一直延伸到伊洛之间的八百里秦川是中华文明起源最主要的区域，多元却又统一的中国文化基本就是沿着秦岭北麓展开。

经年累月，传说流播。华胥氏在此建国立邦，繁衍子孙；伏羲氏在此发明八卦,结绳记事;女娲氏在此捏泥造人,炼石补天;神农氏在此尝尽百草,教民农耕;轩辕氏在此征伐蚩尤,天下安定;周公旦在此制礼作乐,天下归心;老聃在此出函谷关,留《道德经》……《尚书》有云:"华夏蛮貊,罔不率俾。"中华民族就在秦岭温暖宽厚的怀抱里悄然孕育、渐成规模。

一座山脉,半部国史。公元前763年,秦文公迁都于雍(今陕西凤翔),之后数百年里秦国人依凭秦岭庞大富饶的身躯不断开疆拓土。"秦孝公用商君,制辕田,开阡陌,东雄诸侯",秦王嬴政更是一扫六合,统一六国,称皇帝,设郡县,修长城,车同轨,书同文,行同伦,奠定中国两千余年封建政治制度基本格局。秦政暴虐,天下再乱。起义军领袖刘邦意识到"山东虽乱,秦之故地可全有也","犹居高屋之上建瓴水也",于是入主关中,与百姓约法三章,终底定四方,建立西汉。东汉末年,群雄逐鹿,融合与动荡持续了400年之久,直到公元618年唐王朝的建立,才结束了这一旷日持久的乱局,从而迎来了史上少有的盛世。无论江山如何鼎革变幻,秦岭依旧大爱无言,默默地为一个个朝代提供滋养与屏障。

1000多年间,巍峨的秦岭见证了周、秦、汉、唐等13个王朝兴衰荣枯,西安也成为我国建都时代最早、建都王朝最多、定都时间最久、都城规模最大、历史文化遗迹最丰富的古代政治中心。这里承载与积淀着中华民族最为深厚坚实、永不磨灭的历史记忆,维系着我们民族对共同起源的认知和根基情感的认同。

何为"象征"?概言之,它仿佛群峰之首,巍然矗立,代表着文化的厚度,文明的高度,精神的温度。壁立千仞,基础必固。5000多年的中国文化在秦岭书写了浓墨重彩的一笔。周人不断探究天人之际,制定周礼,"经礼三百,曲礼三千",从吉、凶、宾、军、嘉的礼制到人们的日常生活起居，皆有相应的仪节规定，礼仪活动已经渗透到国家和社会生活的方方面面，礼仪文化渗透到中国人血液当中。汉武帝时"罢黜百家，独尊儒术"，两汉经学遂蔚为大观，盛极一时。终唐一代，佛音悠扬，先有西域龟兹人鸠摩罗什于秦岭山岚雾霭之中潜心翻译，为后世传下佛经94部，总计300多万字。此后高僧辈出，流派纷纭，汇聚为中国化的佛教——禅宗。除却经典，更有诗篇。王维在辋川隐居，描绘出一幅"空山新雨后，天气晚来秋。明月松间照，清泉石上流"的空灵景象；韩愈遭遇仕途贬谪，发出了"欲为圣明除弊事，肯将衰朽惜残年！云横秦岭家何在？雪拥蓝关马不前"的喟叹。文学史上总不乏秦岭的踪影。降至北宋，关学兴起，张载提出的"为天地立心，为生民立命，为往圣继绝学，为万世开太平"激励着后世无数读书人为苍生社稷殚精竭虑。

山不厌高，有容乃大。秦麓南北，泾渭两岸，不同时期，不同区域文化辐辏融汇，构成了一个庞杂多元的文化系统。游牧文明曾长期在这里存在，秦国崛起后便开启了长达2000多年的农耕文明时代。关中文化是其底色，巴蜀、荆楚、中原、西域等文化类型为这里增添了缤纷多彩的色调，共同描绘了华夏文明的瑰丽画卷，彰显出一种成熟文明的博大、包容与高明。作为中华文明发展进程的源头与骨架，秦岭的地位不可撼动。

山之大者，精神长存。名山哺育人类，人类赋予其精神内涵，古今概莫能外。秦岭涵养万物，中国人受其启示，提炼出"与天地合其德，与日月合其明，与四时合其序，与鬼神合其吉凶"的天人合一式价值追求；儒学在这里跻身庙堂，道教在这里发源兴起，佛教在这里祖庭遍布，这正是"和而不同"精神的最生动展现；一代代中国人在秦岭生老病死、兴家建业，薪火相传，奋进不辍，"自强不息"的精神贯穿于中华民族的文化基因之中。

"一个没有精神力量的民族难以自立自强，一项没有文化支撑的事业难以持续长久"。千百载来，秦岭如同一位智慧长者启迪与保佑着中华民族。立足当前，面向未来，我们慎终追远，不忘祖脉，应满怀温情与敬意地悉心守护中华民族精神文化上那座不朽的"秦岭"。

"天下山川，以此为最"：
作为中华民族祖脉的秦岭

　　作为中华文明诗歌鼻祖的《诗经》，收录了一首题为《信南山》的名篇。该诗首句写道："信彼南山，维禹甸之。畇畇原隰，曾孙田之。我疆我理，南东其亩。"作为秦岭主干的终南山，山势绵延不绝，格局巍峨恢弘，大禹曾在此苦心开辟耕耘，造就了沃野千里、平整无垠的祥和景象，庇佑着后世子孙们叩石垦壤，衣食无忧。经年累月后，这里阡陌纵横南北，水渠贯穿东西，田野辐辏，八方延展。正是代代相续，受此恩惠，南山儿女对秦岭心生无尽的感激与敬畏，于是尾句曰："是烝是享，苾苾芬芬。祀事孔明，先祖是皇。报以介福，万寿无疆。"每逢冬祭，人民必定拿出最珍贵的祭品，牛羊鲜美，瓜果飘香。祭典仪式庄重周正且有条不紊，仿佛先祖列宗已驾临观赏。曲终礼毕，后人们纷纷祈愿神灵赐人间以无量宏福，佑秦岭子孙享福万寿无疆。

　　毫无疑问，《信南山》是中华民族的先辈对祖脉秦岭最原初的记忆与崇拜。细细品味，不禁让人感叹秦岭之于中华文明的形成与中华民族的凝聚何其关键也！秦岭巍巍，参透不尽；秦岭莽莽，探寻不完；秦岭漫漫，追溯不穷；秦岭深深，绵延不息。

一、"莫莫高山，深谷逶迤"

　　秦岭，与欧洲的阿尔卑斯山、美洲的落基山并称全球"三大山脉"。具体而言，秦岭有广义和狭义之分。广义的秦岭是横亘于我国中东部、呈东西走向的庞大山脉，它西起甘肃临潭县白石山，东经天水麦积山，横穿陕西，东至河南，遂在陕、豫交界之处分为三支：北为崤山、邙山，中为熊耳山，南为伏牛山，东西延展 1600 多千米，南北最宽处达近 300 千米，称之气势磅礴，实不为过。狭义的秦岭则指位于陕西境内的山脉，其呈蜂腰状分布，东、西两翼各分出数支山脉，西翼为大散岭、凤岭和紫柏山等，东翼为华山、蟒岭、流岭和新开岭等，中段由太白山、鳌山、首阳山、终南山（狭义）、草链岭等组成。

　　2005 年，《中国国家地理》杂志将秦岭誉为"中国人的中央国家公园"，从而赋予其新的意义。这一称谓，堪称名副其实。它位于华夏中部，是自西往东最高的一座巨型山脉，也是我国唯一的东西走向的山脉。恰恰是这一独特构造，将中东部地区一分为二，北面是华北板块，南面为扬子板块，两者间即秦岭——大别构造带，其犹如一副坚实的脊梁在广袤无际的神州平原上傲然耸立，既界分了南北，又通连着南北。这副"中华脊梁"的形成，可溯源至 8 亿年前漫长的造山运动，经历了前寒武古老基底形成、古生代—中生代中三叠纪的褶皱造山及中新生代的陆内强烈造山作用三大阶段。历时弥久，诸山交会，使得秦岭不仅地质期次多，且岩浆活动、地质变形、岩石变质、新矿成形等地质现象频仍，造就了沟壑纵横、峰峦叠嶂、东西承接、南北过渡、四方混杂、区系交错、植被繁茂、生态丰富、互相渗透、得天独厚的自然条件,于是太白山、佛坪、长青、汉中朱鹮、青木川、周至、牛背脊、天华山、桑园、细鳞鲑等众多国家级自然保护区遍布周边,素有"地质博物馆"之美誉。

《山海经》中有载:"海内昆仑之虚在西北,帝之下都。昆仑之虚方八百里,高万仞。""秦岭"称谓出现之前,这片山脉便叫作"昆仑"。古人历来尊昆仑山为"万山之宗""龙脉之祖",视为华夏民族的发源之地。倘若矗立在秦岭之巅,远眺南北两麓,仿佛感受到一条巨龙奠定了中国大陆的自然环境格局。首先,秦岭是北亚热带和暖温带的分界线。南来的温暖湿润气流在此处缓缓上升,形成降雨;而陡峭的北坡阻挡了一波波南下的寒流就此止步。于是南麓是亚热带湿润气候,北麓则属暖温带、半湿润气候。其次,秦岭又是长江、黄河的分水岭。东往的浩荡之水,在北麓汇聚成河,注入黄河;南麓的不竭溪流则汇聚为江,融于长江,大江大河终同归大海,合为一体。再次,秦岭本身亦是中国最为丰富的生物基因库,也是南北动植物区系的界别地。北麓有北方之物种,南麓有南方之物种,万物生长于一山中,尽显造物之妙!

秦岭,就是这样一座山,奠定了华夏的地理、质地、生态、气候乃至物种,且又不失其崔峨,誉为"九州之名阻,天下之险峻",殆非虚言!

二、"浅浅满涧响,荡荡竟川鸣"

"水随山而行,山界水而止"。水与山紧密相依,相得益彰。孕育于秦岭的诸多水体,不断对山体进行着侵蚀,形成了不同的侵蚀地貌和沉积地貌。比如秦岭随处可见的"V"形峡谷、深切曲流等是流水侵蚀地貌,分布在不同河流河床上的河漫滩、谷坡上的沉积阶地等是流水沉积地貌,此外尚有冰川地貌、地表及地下岩溶地貌,等等。世间最柔莫过于水,至刚莫过于山,然滴水穿石,以柔克刚,如此多的各色地貌可谓以柔克刚、刚柔相济、浑然天成、鬼斧神工之杰作。

前已言及,秦岭界分长江、黄河两大水系,亦是大江大河之水源地。长江四大支流有其二源自秦岭南麓,便是嘉陵江和汉江;作为黄河的第一大支流,渭河发端于北麓。概言之,整个秦岭流域面积在100平方千米以上的河流约195条,北麓流域面积占陕西省面积的64.8%,南麓流域面积占陕西省面积的35.2%。其中南麓132条流入汉江、嘉陵江,后注入长江归东海;北麓63条汇入渭河、洛河,汇入黄河后奔流不息进渤海。

"水旺则国运昌,水竭则国运衰"。千百载来,人类逐水而居,聚合而成群落,大者谓之城,小者便是村。秦岭气候温润,河流众多,非常适宜人类生存,自然成为中华民族建都栖息之所。最负盛名者非"八水绕长安"莫属。西汉文学家司马相如在《上林赋》里曾这般描摹了这一盛况。

君未睹夫巨丽也,独不闻天子之上林乎?左苍梧,右西极。丹水更其南,紫渊径其北。终始灞浐,出入泾渭;酆镐潦潏,纡馀委蛇,经营乎其内。荡荡乎八川分流,相背而异态。

八水具体指渭、泾、沣、涝、潏、滈、浐、灞八条河流,它们在西安城四周穿流,均属黄河水系。汉代长安上林苑的巨丽之美,塑造了"八水绕长安"的美谈。八水之中,渭河汇入黄河,而其他七水原本各自直接流入渭河。于是西安依水而建、以水而兴，一跃成为享誉世界的文明古都。

人顺水而生，更善于改造利用。作为最早进入农业社会的区域，农田水利成为传统业态发展的基石，于是一系列水利工程随之兴建。因南北两侧环境和水源条件差异，北麓的水利以渠为主，如"南山"渠堰、成国渠、漕渠等；南麓的水利以堰为主，著名者如山河堰、五门堰、杨填堰等。如此众多的渠堰，好比是人之血管，四通八达，将关中大地尽数灌溉，滋养了代代当地儿女。

秦岭，就是这样一座山，阳刚之余，还蕴含着万种柔和之水、上善品质，既有"川明分渭水，树暗辨新丰"之静谧意境，又有"北来注泾渭，所过无安源"的磅礴气象。静时养心，动则惊心，确是妙哉！

三、"闻道长安似弈棋，百年世事不胜悲"

"山不厌高，海不厌深，周公吐哺，天下归心"。群山守护、众水环绕之中，中华民族的先祖、中华文明的源头于此肇端。据考古学资料证明，秦岭是中国古人类和古文化的重要发祥地之一，也是中华文明诞生的摇篮，距今115万年前，位于西安蓝田境内的蓝田猿人成为远古时期中国以至整个北半球最早的直立人。秦岭北麓骊山脚下临潼油槐乡发现的白家人则是远古先民从山岳走向平原的第一站，是西安地区迄今发现最早的农耕氏族部落，距今9000—8000年。此后，秦岭新石器时代的文化遗存在关中大地次第展开，渐呈星罗棋布之势。其中举世闻名的有半坡遗址和临潼姜寨遗址，二者皆被视作仰韶文化的璀璨明珠。

　　众所周知,中华文明是一种典型的农业文明。该文明形态的产生与发展需要相应的温度、湿度、土壤等气候、地理条件相匹配。作为界分南北、横亘中华中东部的秦岭,以其独特的优势形成了两种不同农业文明同聚一山的景象,即以中原黄河流域为核心区的以粟作农业为主的旱地农业文明和以长江流域为核心的以稻作农业为主的水田农业文明。考古学家苏秉琦先生曾指出:"两大农业区(秦岭南北)的两种农业体系并不是彼此孤立,而是互有影响乃至在发展过程中发生互补等复杂情况。这样一种既有区别又有联系的农业格局,一直影响到整个历史时期。"南稻北粟、南米北面的格局在秦岭山脉可谓相映成趣。

　　人类早期文明的诸多类型留存中,神话无疑是最为鲜活生动且家喻户晓。作为中华民族发源地,滥觞于这里的神话传说简直是数不胜数。《竹书纪年》记道:"太昊之母,居华胥之渚,履巨人迹,意有所动,虹且绕之,因而妊娠。"文中这位感孕生子的华胥氏,便是上古神话里伏羲、女娲之母。现今西安市蓝田县最西端的华胥镇,便是传说中的华胥古国遗址所在地,经考古证明,此处正值从母系氏族公社到父系氏族公社的过渡期。结合历史记载与口耳相传的掌故,中华先祖的最初传承谱系便形成了。

　　　华胥氏生伏羲、女娲,伏羲、女娲生少典,少典生炎、黄二帝。

　　至此,华胥氏被后人视为中华民族的始祖母,是华夏之根、民族之母。可以说,从华胥到华夏,由华夏到中华,形成了一脉相承的中华民族文化源流。

　　华胥之后,伏羲教人织网捕鱼,首创八卦用以推演事物发展,其人面蛇身的形象也逐渐经过演变升为华夏民族共同的龙图腾。作为中华民族最典型的女性形象，女娲历经70多次方抟土造人，不忍人间灾祸而炼五色石补天，是当之无愧的中华民族伟大母亲的始祖与代表。"昔少典氏娶于有蟜氏，生黄帝、炎帝。黄帝以姬水成，炎帝以姜水成，成而异德，故黄帝为姬，炎帝为姜"。《国语》这段记载，揭示出崛起于秦岭北麓渭水之滨的炎黄部落筚路蓝缕的历史进程。黄帝制定历法、创造文字、发明兵器、亲试舟船，炎帝教民制陶、始作末耜、降牛耕田、遍尝百草，二位处于原始社会末期父系氏族公社时期的杰出领袖最终融合形成炎黄联盟，与蚩尤部落、三星堆文明等共同构成了中华文明"满天星斗、多元一体"的格局，也奠定了中华民族最初的底色。

德国著名思想家卡尔·雅思贝尔斯曾认为，在公元前800年到公元前200年期间，是人类文明的轴心时代。从北纬25度到北纬35度这个区间出现了几个大的文明，这几个大的文明在文明发展史上实现了对原始文化的巨大突破。当时的哲学家的思想原则塑造了几种文化类型，而这几种文化类型在之后的两千多年里对人类文化的发展产生了规定性的影响。恰恰在此时间段与区间，周都丰镐，秦都咸阳，两个王朝集团的活动范围沿着秦岭北麓、渭河两岸绵延发展。文、武二王伐纣灭商，封邦建国，周公旦制礼作乐，确立了宗法制与礼乐制度。秦人凭数百年之实力积蓄，由北麓至关中，南下巴蜀，定都咸阳，嬴政继六世之余烈，终横扫六合，一统天下。中国历史上第一个统一的多民族的、中央集权的国家诞生了，这在世界史上都具有空前的意义。之后的历史轨迹，在千余年间，始终围绕着秦岭这个枢纽而展开，从楚汉争霸到文景之治，从汉武宏业到三国争霸，从贞观之治到开元盛世，无数的帝王将相定鼎关中，创建基业。巍峨而厚重的秦岭，默默地给十三朝提供建功立业的理想平台。"闻道长安似弈棋，百年世事不胜悲。王侯第宅皆新主，文武衣冠异昔时。"抚今追昔，历史已逝去，却又从未远去，怎不令人倍生慨叹？

秦岭，就是这样一座山，豁达地张开双臂，慷慨地奉献山水，为中华民族的繁衍延续提供了无穷的滋养。"被山带河，四塞以为固"，实在如此！

四、"先河而后海，或源也，或委也"

《礼记》有云："三王之祭川也，皆先河而后海，或源也，或委也，此之谓务本。"后世学者讨论学术之源流脉络，多据此典，以学术之起源谓之"先河"，以学术之结束称之"后海"。纵观儒释道三家在秦岭地区的发展，诚可谓贯通了先河和后海。

周人兴起于西土，建立了一套以仁义礼智为核心的西周王道文化系统，无怪乎儒家代表人物孔子曾讲："周监于二代，郁郁乎文哉！吾从周"。这绝非一句客套话，当是其肺腑之言。历数孔子的著名论断，诸如"人而不仁，如礼何？人而不仁，如乐何？""为政以德""克己复礼""居仁由义"等，无不是在遵从周礼的基础上的发挥与创新，是故说成型于秦岭北麓的周礼是孔子儒学的渊薮，并不为过。

降至两汉，儒学在关中大地呈蔚为大观之势。董仲舒罢黜百家，独尊儒术，终使儒学定于一尊。"昭帝时举贤良文学，增博士弟子员满百人，宣帝末增倍之。元帝好儒，能通一经者皆复。数年，以用度不足，更为设员千人，郡国置五经百石卒史。成帝末，或言孔子布衣养徒三千人，今天子太学弟子少，于是增弟子员三千人。岁余，复如故。"西汉经学之昌明令人叹为观止。"及光武中兴，爱好经术，未及下车，而先访儒雅，采求阙文，补缀漏逸……建武五年，乃修起太学，稽古典，笾豆干戚之容，备之于列，服方领习矩步者，委它乎其中。中元元年，初建三雍。明帝即位，亲行其礼。天子始冠通天，衣日月，备法物之驾，盛清道之仪，坐明堂而朝群后，登灵台以望云物，祖割辟雍之上，尊养三老五更。飨射礼毕，帝正坐自讲，诸儒执经问难于前，冠带缙绅之人，圜桥门而观听者盖亿万计。其后复为功臣子孙、四姓末属别立校舍，搜选高能以受其业，自期门羽林之士，悉令通《孝经》章句，匈奴亦遣子入学。济济乎，洋洋乎，盛于永平矣！"其间如杨震、班固、贾逵、马融为代表的关西经学家众多，一同造就了盛况空前的东汉儒学。

400 余年战争动荡亦是多民族大融合后，唐代名儒中颜师古、啖助首当其冲，北宋大儒"横渠先生"张载"道尽高，言尽醇，自孟子后，儒者都无他见识"，更是异军突起，创立了影响后世近千年之关学。其后历代不乏王之士、冯从吾、李二曲、刘光蕡等名流，关中之学犹如渭河之水，绵延不绝。

"长安三千金世界，终南百万玉楼台"，用此诗句形容秦岭为佛教圣地，实不夸张。张骞凿通西域后，佛教明驼西来，于西汉末年由大月氏国使臣口传至长安。此后诸多高僧在此布道建寺、栖身修行，故有"一片白云遮不住，满山红叶尽是僧"的说法，佛教日渐趋于鼎盛。

佛教中国化的过程中，自成体系，共分八宗：三论宗、禅宗、天台宗、华严宗、唯识宗、律宗、净土宗和密宗，如加上三阶教派，共有九大宗派。每一宗派都有自己的祖庭，即开创各自宗派的祖师居住、弘法布道之所（寺院）。除了天台、禅宗在陕西境内无明确祖庭外，其余宗派皆开设祖庭于长安。这些祖庭犹如一花六叶,共同孕育了佛教之果在秦岭的绽放与收获。

秦岭又是我国本土宗教道教的祖庭所在。先秦时老聃、尹喜于函谷关相逢,"老子乃著书上、下篇,言道德之意五千余言而去",为道教创设开学说先河。东汉末年,张道陵以五斗米教起家,逐渐深入民间,成为历代不少中国人之信仰。

"天下形势之伟岸者,在郡曰长安;长安形胜之巨者,在山曰终南;终南名胜之最者,在宫曰楼观……自古登仙得道之士,出乎其间,无世无之"。鼎盛于金元时期的全真教可谓集秦岭道教之大成,祖师王重阳出身儒门,却以佛教制度管理寺院,力倡"儒门释户道相通,三教从来一祖风"。这是自唐宋以来三教合一思潮的集中体现,也使得全真教于元代走向全盛。

秦岭,就是这样一座山,儒学为之铸魂,佛教为之传神,道教为之固本,三教各领风骚、交融兼济,中国文化在这里发扬光大、可长可久。从某种意义上讲,秦岭是中华传统文化的张本之地,是中华民族的精神家园,是华夏文脉所在,似不过分!

2020年4月20日,习近平总书记在陕西考察秦岭时指出:"秦岭和合南北、泽被天下,是我国的中央水塔,是中华民族的祖脉和中华文化的重要象征。"三千里秦岭,半部中华史,一座基因库。"秦岭九嵏,泾渭之川,曷若四渎五岳,带河溯洛,图书之渊?"作为中华祖脉,秦岭造就了山之博大、水之清朗、人之灵动,孕育了儒之中正、释之玄妙,道之飘逸,这是一座值得毕生阅读玩味的圣山,这是一座沟通古今默默无言的中央国家公园,理当永久地铭刻于每位中华儿女的心田。

坚守黄土文化的"根"和"魂"

    2021 年 9 月 14 日，习近平总书记在陕西榆林绥德县考察非物质文化遗产陈列馆时指出："绥德是黄土文化的重要发源地之一，非物质文化遗产资源丰富，孕育发展了优秀民间艺术，展现了陕北人民的热情、质朴、豪迈。民间艺术是中华民族的宝贵财富，保护好、传承好、利用好老祖宗留下来的这些宝贝，对延续历史文脉、建设社会主义文化强国具有重要意义。"这段讲话，既凸显出以绥德为代表的黄土文化在中华文化版图里的重要地位，又对我们今后传承与弘扬中华优秀传统文化尤其是非物质文化遗产给出了非常明确的要求。

    "黄天厚土大河长，沟壑纵横风雨狂。千古轩辕昂首柏，青筋傲骨立苍莽。"按照通常学术定义，所谓"地域文化"，应当是具备一定的地理空间、于漫长岁月中积淀出文化习俗、该文化基因渗透到该区域相关物质、精神等层面之中，且在该地理空间形成了有着不同于其他地域的鲜明文化特征的文化类型。恰如近代著名学人梁启超先生所言，"气候山川之特征，影响于住民之性质；性质累代之蓄积发挥，衍为遗传。此特征又影响于对外交通及其他一切物质上生活；物质上生活还直接间接影响于习惯及思想。故同在一国，同在一时，而文化之度相去悬绝，或其度不甚相远，其质及其类不相蒙，则环境之分限使然也"。毫无疑问,黄土文化即符合以上特征,属于深深扎根于厚土之中、绵延数千载且独具秉性品格的文化体系。

黄土文化之"根",因黄土而浑厚。天地玄黄,宇宙洪荒。《汉书》有载,"大风从西北起,云气赤黄,四塞天下"。距今300万至200万年前,时值"第四纪大冰期",青藏高原的不断抬升将印度洋温暖季风挡在了崇山峻岭面前,而南下的蒙古高压气流愈发强烈,造就了干燥寒冷的西北气候。经年累月的侵袭,这一片地域植被渐趋稀少,沙漠、戈壁广布,劲风卷起地面泥土,反复不息地降落在大西北。风弱之际,尘埃落定,铸就了层层覆盖黄土的一座高原。西起乌鞘岭,东至太行山,南靠秦岭,北连内蒙古高原,遍及青海、甘肃、宁夏、内蒙古、陕西、山西、河南七省(区)46个地(盟、州、市),282个县(旗、市、区),全区总面积63.5万平方千米,这就是黄土高原。

作为黄土高原的核心区域,陕北,当之无愧是一个由黄土堆积出来的地方,干旱少雨,人们习惯了面朝黄土背朝天的生存状态,贫瘠的黄土地并没有为他们带来财富和安逸,可他们就是靠着那并不丰裕的收成过活。但即便如此,人们依然深爱着那片黄土,长年累月,艰苦劳作,扎根于此,成为中华文明诞生初期的一块热土。著名考古学家苏秉琦先生划分的中国古代文化起源的六个区域中,豫晋陕邻境的黄土高原东端是其中的重要地区之一,被称为"中华文化的主根系"。《史记》记载,黄帝"有土德之瑞,故号黄帝",从传说到实地考古,不难发现陕北这片黄土地正是黄帝当年活动的关键区域,黄帝之"黄"自然与黄土密不可分。从此,黄土象征着居中的黄帝,总揽社稷,掌管四方土神。黄土因之被世人封誉了最高、最尊贵的身份。在他们心中,那贫瘠的黄土地就是他们取之不竭的财富,甚至是他们生之所系的命根,费孝通在《乡土中国》中说:"靠土地谋生的人才明白泥土的可贵。城里人可以用土气来藐视乡下人,但是乡下,'土'是他们的命根。"

黄土文化之"根",伴黄河而磅礴。天上之水,奔流不回。古人曾云,"西北土性松浮,湍急之水,即随波而行,于是河水遂黄也"(清张霭生《河防述言·源流第五》)。黄土高原西高东低,源头清澈的黄河,流经此地时,裹挟着大量的泥沙,遂化身为一条世界上独一无二含沙量最高的大河。

"九曲黄河万里沙,浪淘风颠自天涯。"由天上而来的黄河水不容分说地冲击出一个"几"字形的辽阔地域,也为中华文明拓展开一条文化路线,将沿岸各地的人与物涵濡浸润成紧密的有机体。习近平总书记曾强调,"九曲黄河,奔腾向前,以百折不挠的磅礴气势塑造了中华民族自强不息的民族品格,是中华民族坚定文化自信的重要根基"。假如将黄河喻作中华民族的母亲,那么黄土高原即中华民族的父亲。它酷似一位中国传统家庭中的父亲:高高在上,平日默不作声,貌似不在一般,但一直稳居在那里。它用水土俱下的方式影响着黄河母亲,行使着丈夫和父亲的职责。也协助在此地生存的陕北儿女们为深厚黄土铸魂。

黄土文化之"魂",由无数儿女所创造。毫无疑问,在很长一段历史时期内,受贫瘠的自然地理环境和落后的政治经济条件所囿,陕北人民的生活堪称艰辛。这反倒磨砺了他们坚毅的性格和不畏苦难的精神,辛勤劳作,用汗水讨生活,方才心安理得,苦难在他们看来只是人生必经的过程,与其无谓的抱怨,不如将其当成了一种习惯,淡然接受。

乐观豁达又直面现实,使得一个个人间奇迹在黄土坡出现。"陶复陶穴,未有家室",窑洞是陕北人的独特发明,依山而建,循山而凿,"院落地下藏,声从地下来"。人们世代生活在此似洞非洞中,冬暖夏凉,起居静安,一个院落,一个磨盘,一个猪圈,一个土厕所,几棵枣树,自成一个世界,又乐与外面世界互通共融,可见陕北人恬淡包容的胸怀。沟壑纵横、地广人稀,人与人的交流有时是靠"吼"的,于是"吼"出了久久不息、热情似火的信天游。"信天游"是陕北人对生命的祭歌,对爱情的赞歌,对生活的颂歌。它所传达的是陕北人自己的喜怒哀乐,坦率而纯情,露骨而纯粹,一种陕北风味的煽情,谁听谁都会深受触动。表达爱情的民歌,唱出了陕北人的火热,豪迈且执着;黄河艄公拉开嗓子一唱:"谁晓得,天下黄河九十九道弯……",则让人真切感受到陕北人的大气魄与大无畏。这是源自黄土文化最内层的灵魂呐喊,也是当地精神风貌的鲜活呈现。

黄土文化之"魂",因非遗文化所恒久。作为历史悠久的文明古国,全国各族人民在长期生产生活实践中创造了丰富多彩的非物质文化遗产。习近平总书记多次指出,"要加强非物质文化遗产保护和传承,积极培养传承人,让非物质文化遗产绽放出更加迷人的光彩"。这是中华民族智慧与文明的结晶,是中华文化的瑰宝。

在绥德考察时,习近平总书记所观摩的石雕、绥德平安书、剪纸、民歌、泥塑等展示,皆是当地非物质文化遗产的结晶。比如绥德泥塑,便是充满黄土气息的精美产物。泥塑在这里已有1000多年的历史。由于陕北黄土质地松散,含沙多、不易成型,工匠们便巧妙地在和泥过程中添加了蜂蜜、食用油和棉花,以此来增加黄土的黏度和韧性。和好的泥要经过半月发酵才可使用,为了延长泥塑的保存时间、增加动态效果,工匠们用铁丝娴熟地勾勒出人物的骨架,然后一点一点赋予它肌肤、纹理和造型。一件好的作品不仅要反映文化底蕴,更重要的是反映出现实生活中的一些东西,传统文化和本土文化结合在一块就很带劲、很有味道,实在是化腐朽为神奇,诚可谓一抔黄土塑乡愁。

坚定文化自信自强,绝不能只挂在口头上,而要落实到行动上。历史文化遗产是祖先留给我们的,我们一定要完整交给后人。望古识今,在实现文化强国的征途上,我们须继续坚持创造性转化、创新性发展的实践路径,努力找到传统文化和现代生活的连接点,从而不断满足人民日益增长的美好文化生活需要,让黄土文化的"根"更牢固,"魂"更强健。

长江文化是中华文明的标志性象征

"千古兴亡多少事？悠悠。不尽长江滚滚流。"提起长江，不禁会联想到其横绝南北且贯通东西，奔涌磅礴又灵动清秀，博纳众流而内涵丰厚，实在是因包罗万象，故有容乃大。2020 年 11 月 14 日，习近平总书记在全面推动长江经济带发展座谈会上指出，"要保护传承弘扬长江文化。长江造就了从巴山蜀水到江南水乡的千年文脉，是中华民族的代表性符号和中华文明的标志性象征，是涵养社会主义核心价值观的重要源泉"。

《释名》有言："江，公也，小水流入其中，所公共也"。作为亚洲第一大河，长江全长 6300 公里，流域面积 180 万平方公里，滋养了无数中华儿女，所经之处，自然地理缤纷多彩，文化意蕴各具特色。因此要深入把握习近平总书记这一重大论断，若想系统理解民族符号和文明象征意义上的长江，或须从空间的跨度、时间的维度与内涵的深度予以考察。

"大江来从万山中，山势尽与江流东。"长江发源于青藏高原，绵延万里，终汇入滔滔东海。自西至东，长江依地段之别可分为上、中、下三游，亦孕育了巴蜀、荆楚、吴越三种文化类型。

巴蜀文化发祥甚早，近年来深受关注的三星堆遗址即是明证。

因其独特的地理条件,古巴蜀向来颇为神秘。传说中的古国蚕丛、鱼凫与化为杜鹃的望帝,为后世积攒下累累不绝的记忆。战国时李冰父子"冰凿离碓,辟沫水之害,穿二江成都之中。此渠皆可行舟,有余则用溉浸,百姓飨其利",造就"天府之国"的同时,都江堰也在水利科技史上留下久久相传的议题。降至三国,诸葛亮"立法施度,整理戎旅,工械技巧,物究其极,科教严明,赏罚必信,无恶不惩,无善不显,至于吏不容奸,人怀自厉,道不拾遗,强不侵弱,风化肃然也"。此地文化蒸蒸日上。更堪特书一笔的,乃巴蜀文学。唐代诗人魏颢曾道:"蜀之人无闻则已,闻则杰出。是生相如、君平、王褒、杨雄,降有陈子昂、李白,皆五百年矣。"再加上北宋眉山苏氏三父子,巴蜀文学名家璨若星河,独具特色。

顺江而下,便是广袤荆楚。《史记》有载,"楚之先祖出自帝颛顼高阳。高阳者,黄帝之孙,昌意之子也"。荆楚水泽众多,暮霭沉沉,造就了其浪漫瑰玮之文学风格,屈原之《离骚》《天问》即个中佳构。与此同时,荆楚之人崇尚自然,行文汪洋恣肆,这在老聃、庄周所开创的道家学说里历历可见。汉代之后,伴随区域间文化交融的密切,荆楚文化愈发多彩。西汉刘安聚合群智,撰写了经典《淮南子》,马王堆、海昏侯两座汉墓展现了彼时高度的科技文艺水准。其后千余年间,陶渊明被尊为"古今隐逸诗人之宗",慧远将庐山升为净土宗之重镇,孟浩然乃山水田园诗之代表,欧阳修、晏殊、王安石、黄庭坚、曾巩、杨万里、姜夔更是塑造了两宋江西文化之盛况。黄鹤楼、岳阳楼、滕王阁……成为历代才俊登临吟咏之处,荆楚人杰地灵、实不为过。

大江大河,终归大海,综汇之地,即为吴越。"自太伯作吴,五世而武王克殷","越王勾践,其先禹之苗裔",本已接壤的两个诸侯国,便在漫长的相争相斗中共同奠定了吴越文化的最初底色。三国两晋南北朝之际,吴越文化迎来第一次高潮。四百多载的浮沉积淀,谢灵运开创了山水诗篇,刘义庆编纂了《世说新语》,王羲之留下了《兰亭集序》。唐宋以后,中国经济重心之南移,遂引发了文化重心之南迁。唐诗宋词元曲明清小说流播所及,吴越贤哲从中喷薄而出。张旭、范仲淹、刘基、唐寅、徐渭、冯梦龙、顾炎武、黄宗羲、章炳麟、蔡元培、鲁迅……代有才人,数不胜数。

长江"汇聚千流,接纳百川",沿岸儿女"我住长江头,君住长江尾。日日思君不见君,共饮长江水",形成了一个庞大的地域文化系统。同时它又与黄河文化一道构筑了南北二元耦合的交融态势。二者看似南北相隔,实则分中有合,因势而变,因时而异,共同彰显了中华文化的多元与强大。

"大江东去,浪淘尽,千古风流人物。"长江文化的宏阔气象,离不开数千年的厚重积淀。大致而言,长江文化的断代,可划作孕育奠定期、勃兴繁盛期与转型重塑期。

自远古人猿揖别起,长江文化渐露曙光。距今 5000 年前后,长江中游的石家河文明和下游的良渚文明应运而生。接续而起,苗蛮集团与北方华夏、东夷三足并峙,于交锋中促进了中华民族的凝聚与两大中华文明起源带的融合。两周之际的因缘变动,终致在长江文化母胎中分娩出巴蜀、荆楚和吴越三大文化圈。至秦汉时,"今天下车同轨,书同文,行同伦",南北区域的一体化使得长江文化于不断交流中取长补短,奠定了其规模和内核。

经过魏晋南北朝、安史之乱、宋室南迁三次或长或短的历史大变迁,政局的急遽动荡迫使广大北方人民过江而来,经济重心的逐渐转移也造就了中原文明的"衣冠南渡"。倘若两晋之际的"中州士女避乱江左者十六七"仅是序曲而已,那中唐之后的文化资源则持续集聚于南方,确立了长江文化在整个中华文化版图中的主导地位。著名学者陈寅恪先生赞叹"华夏民族之文化,历数千年之演变,造极于赵宋之世",而此际的长江文化已远胜于黄河文化,无怪乎朱熹曾喟曰:"岂非天旋地转,闽浙反为天地之中?"后来明清两代长江文化臻于繁盛,更是大势所趋。

步入近代,陷于衰世境地的传统文化已是沉闷死寂,少有活力。"我劝天公重抖擞,不拘一格降人才",面临西学东侵的危局,长江文化承担起再建中华文化的艰难重任。自林则徐、魏源"开眼看世界",倡导"师夷长技以制夷",后曾国藩、李鸿章在"三千年未有之大变局"中大兴洋务,中经康有为、梁启超、谭嗣同秉持"故夫变者,古今之公理"而发起戊戌维新,再由孙中山、章炳麟、黄兴领导的辛亥革命,最终在毛泽东、周恩来、邓小平等共产党人的奋斗下,长江文化在百年急遽转型中脱胎换骨,构筑起新的体系。当今其沿着中国特色社会主义文化道路而行,其前景定是广阔明朗。

"长江后浪推前浪",文化就在这永不停歇的时光流动中日积月累、推陈出新,迭代递嬗、蔚为大观。

综上可知,长江文化是指以长江流域独特的自然地理和人文地理优势,以及生产力发展水平为基础的具有高度认同性和归趋性的文化体系,即此流域一切物质文化和精神文化的总和,它毫无疑问是中华文明的有机组成部分。作为一个时空交织的多层次、多维度的文化复合体,在漫长的历史发展中,长江文化凝聚成了具有普遍性、持久性的精神内涵——创新、进取和开放。

"无边落木萧萧下,不尽长江滚滚来。"从远古的河姆渡,到当今的三峡工程;从老子提出"道可道,非常道",到诞生于上海望志路和嘉兴红船的中国共产党,长江文化由萌发、拓展到成熟、重生,时时刻刻都葆有着旺盛的创新活力,这一特质历久弥新。

"长江万里东注,晓吹卷惊涛。"创新活力的保持,源自内生的进取精神。无论是古时巴蜀北抗陇秦、荆楚问鼎中原、勾践卧薪尝胆,抑或近代以来江南的洋务探索、武昌的辛亥首义、沪浙的建党伟业,都说明长江文化始终处于中国体制变革的潮头浪尖。

"长江千里,烟淡水云阔。"创新不息,进取不竭,有赖于开放的禀赋兼收并蓄、吐故纳新。昔荆楚"抚有蛮夷,以属诸夏",其后与北方文化日益交融,唐宋间"人材彬彬,号称众多","皆出于大江之南",明清时"今之东南乃过于昔之中原,又岂可一概论哉!"近代以降长江文化在欧风美雨中熔古今中西于一炉,海派文化、湖湘文化异军突起,丰富了其类型与内涵。

文化之强弱关乎民族之荣辱,国运之兴衰。在以往某段时间内,囿于政治中心的"位差"、学界研究的"时差"和文化定位的"视差",导致长江文化的真实地位与大众理解的"落差"。因此只有坚决保护好长江文物和文化遗产,延续历史文脉,深入研究长江文化内涵,从而擦亮民族的"符号",凸显文明的"象征",长江文化才能以其独特而磅礴的力量助推中华民族伟大复兴进程冲出"历史三峡"和"百年变局","潮平两岸阔,风正一帆悬"。

"渊兮,似万物之宗":谈中华水文化

先秦经典《道德经》中,有如此意涵深邃且家喻户晓的一句:

道冲,而用之或不盈;渊兮,似万物之宗。

此话原意,本是老子在阐释一个在中国思想史上极为关键又模糊不清的概念:道。毫无疑问,在中国人看来,道天然存在,但无法一语说尽。老子脑中似乎自然而然,又或灵光乍现,用水来借喻道之形与意,空虚无名,难以捉摸,却犹如一口永无干涸的老井,深邃至极,主宰万物。

以水比道,堪为神来之笔。实际上,这也展现出水在中国文化中的重要地位,涵纳万物,广博无垠,点滴不可少,须臾不可离。水文化因之内化为5000多年中华文明之绵厚底色。

一、自然之本与神话之源

水是生命之源,万物之本。人类社会生存和发展与水息息相关。

"君子见大水,其万折必东"。孔子当年的观水情结,某种程度上说明传统中国人对江河走向的一种认知:"青山遮不住,毕竟东流去",水自西而东奔流是一种自然法则,甚至可视为一条道德准则。中国独特的地理结构与水文特征塑造了中华民族的空间方位想象乃至世界观,于此再明显不过。中国几乎所有的大江大河,皆是东西流向,其中具备关键意义的,无疑是长江与黄河。

"千古兴亡多少事?悠悠。不尽长江滚滚流。"作为亚洲第一大河,长江发源于青藏高原,绵延万里,终汇入滔滔东海,其全长6300公里,流域面积180万平方公里,滋养了无数中华儿女。自西至东,长江依地段之别可分为上、中、下三游,在亘古不息的流动中亦孕育了巴蜀、荆楚、吴越三种文化类型。

"黄河之水天上来,奔流到海不复回。"黄河原初的清澈涓流,自巴颜喀拉山脉北麓的约古宗列盆地涌出,一路不舍昼夜,横跨青藏高原、内蒙古高原、黄土高原、华北平原等四大地貌单元,纵贯华夏三级台地,将渭水、泾水、汾水、涑水、沁水、洛水、漳河等数百条支流统摄其间,以极为壮观庞大的水系规模,浩浩奔腾入海。

不难知晓,中华民族的生活因大江大河的流动而绵延,中华文明随千水万流的牵引而变迁,无怪乎东汉学者王充写道:

> 夫地之有百川也,犹人之有血脉也。血脉流行,泛扬动静,自有节度。百川亦然,其朝夕往来,犹人之呼吸气出入也。

无数江河冲积出沃土,滋养了众生,孕育了文明,左右着国运,它是中国的象征,也是民族精神的化身,水如血脉,此喻妙不可言。

不过人类对水的接纳,并非纯粹被动。一面,水影响着人,另一面，人塑造着水。关于水的神话恐怕便是人类最早也最质朴的作品。翻阅各式中国神话故事，水是其中不可撼动的首要主题。不妨试着从林林总总的不同版本里抽绎出一条线索：中国的开端即经历了一场空前的"宇宙洪荒"，洪水滔天，四方俱荒，两位神仙伏羲与女娲结合，一位从黄河里推导出文明密码——"河图""洛书"，一位舍身补天，不忍生灵再受水患荼毒。二人又孕育了三皇五帝，其中黄帝身兼水神之职，尤其在与蚩尤的战争中，成功在女儿"旱神"魃的辅佐下，阻止了一场可怕的暴风雨降临。

之后的神话叙事里，水一直占据核心位置，似乎九州上下的每一条河流、每一座湖泊、每一个池塘、每一眼泉水，都与神灵挂钩，他们"遍得坤元之道，能造山川，出江河"。然而神灵也有善恶之别，水势也会时好时坏。譬如洪水，即狂暴、无序、野性、恣肆的象征，为了生存，人类的主动性就得以彰显，从而改造这失控之水。最经典的故事莫过于大禹治水。禹辛苦劳作十三载之久，"手足胼胝"，"腓无胈，胫无毛，沐甚雨，栉疾风，置万国"，甚至"三过家门而不入"，终于驯服了桀骜的洪水，使人间秩序重建。

神话的诞生，从较为共性的意义上审视，是为了组织并阐明各种文明中普遍存在的人类经验。在中国的历史语境里，古人逐渐将道德品质、水资源管理和国家权力这看似不搭界的三种范畴归于一体，水被赋予了深沉的人文和政治内涵。

二、治国之道与治理之术

"君子之所以见大水必观焉者，是何？"门生子贡的疑问，恰恰证明孔子平生素爱观水,除却"逝者如斯夫"的感慨外,更揭示了古人对于水的一种别样理解:看似观水,实则欲图在这一泓碧波中参悟出人类社会的发展规律——道。

人因水而存在,因水而深刻。在实现哲学突破的轴心时代,中国的先哲们便以水为载体,进行着"道"的探究。道家鼻祖老聃曾提出非常著名的命题:"上善若水"。世间之最高品质,莫过于水,它善于帮助万物而不与万物相争。它停留在众人所不喜欢的地方,所以接近于道。上善的人居住要像水那样安于卑下,存心要像水那样深沉,交友要像水那样相亲,言语要像水那样真诚,为政要像水那样有条有理,办事要像水那样无所不能,行为要像水那样待机而动。是故治国者要谙熟水之"道",诚所谓"天下莫柔弱于水,而攻坚强者莫之能胜,以其无以易之,弱之胜强,柔之胜刚,天下莫不知,莫能行"。道家体悟出"无为"的原则,即以最小的干预,获得最大的政绩。与此同时,治国者当知静水方可流深,低调才是强大,"江海所以能为百谷王者,以其善下之,故能为百谷王"。至最低点的水,蕴藏着稳定持久而强大的生命能量。

作为孔子的衣钵传人,孟子对水情有独钟。"原泉混混,不舍昼夜。盈科而后进,放乎四海,有本者如是,是之取尔。"在其眼中,水最可取之处,即自强不息,源流分明,故修身治国亦当作如是观。对于人性,孟子旗帜鲜明认为"性之善也,犹水之就下也。人无有不善,水无有不下"。对于治国,孟子则主张秉钧者当以民为本,胸怀宽广,好比孤居深山的舜,"及其闻一善言,见一善行,若决江河,沛然莫之能御也"。如此天下方能大治。

庄周曾借孔子之口道:"人莫鉴于流水,而鉴于止水"。贤哲乐于修炼止水之心,然世间的水向来是奔腾甚或泛滥的。司马迁指出:

"甚哉,水之为利害也。"水利一直是贯穿中国历史的一大主题和难题。对于水资源的管理与使用,考验着每一个中原王朝的治理能力,是其维系国家稳定的核心指标。于是乎,自古迄今,治水与国运密切关联。秦一扫六合,郑国渠、灵渠与都江堰之作用不可或缺。西汉定都长安,于是兴修漕运,造就了"八水绕长安"之盛况。当然,规模最浩大且对国运影响最为直接的,莫过于世界上开凿最早、航程最长的大运河。纵横三千余里,绵延两千多年,大运河沟通京津、燕赵,贯通齐鲁、晋豫,南连淮扬、吴越,运河文化与区域文化水乳交融,与海外打通。颇具讽刺意味的是,当初兴修运河的隋朝却因之沦为短命王朝。晚唐诗人皮日休评曰:

隋之疏淇汴,凿太行,在隋之民不胜其害也,在唐之民不胜其利也。

触摸古史,远眺逝水,禁不住喟叹运河之"运"难道不是历史之运势,王朝之命运吗? 当初唐太宗脱口而出的箴言"水能载舟,亦能覆舟",必鉴于前朝之覆辙。倘换个角度,运河之"运",又好比流动的枢纽,串联了东西,平衡了南北,盘活了天下,造福了四民,关乎民族气运,兼容并蓄,广济八方。

"山高水深,似欲不可企及"。宋代大家黄庭坚称颂杜甫诗作如源深之水,可见水已悄然化入中国人的生活方式与思维习惯当中。习近平总书记曾多次强调:要"统筹考虑水环境、水生态、水资源、水安全、水文化和岸线等多方面的有机联系","要深入挖掘黄河文化蕴含的时代价值,讲好'黄河故事'","要保护好长江文物和文化遗产,深入研究长江文化内涵,推动优秀传统文化创造性转化、创新性发展"。立足新时代,如何继续挖掘、丰富、弘扬与创新中国水文化的价值,令这股流淌数千年的文脉,引导更多国人知水乐水,依然是一项非常迫切的重任。

"一国之人皆若狂"：《礼记》中的春节

　　《礼记·杂记下》篇中记载了孔门师徒间的一件故事：冬日一天，子贡去观看蜡祭，也就是每至年末所举行合祭百神的祭祀活动。观看完毕，孔子询问子贡："你看到人们的欢乐了吗?"子贡回答："全国的人都好像疯了一样，我不知道有什么可欢乐的。"听闻弟子的话，孔子遂以反问的形式启发子贡："人们辛辛苦苦劳作一年，才在蜡祭这一天享受恩赐的福泽，这种欢乐不是你所能理解的。"

　　这则记载中所涉及的"蜡祭"，正是传统春节里一个非常重要的活动，而《礼记》这部经典，也将先秦时期古人对于春节理解与实践进行了非常细致而丰富的描述。

一、时间与空间的元点

　　毫无疑问，人生存在四维空间当中，我们都需要以时间和空间两种意识去把握周遭的一切。所谓节日，即一个民族在自然时间上划分生活时段的人文标记，通过节日，人类建立起自然与社会相协调的周期性节律，使日常生活有了既契合自然规律又蕴含人文需求的一套秩序。更进一步讲，这套以时间为枢纽的体系，都有处于时间坐标中轴的起点。这个元点，在中国就是春节里的除夕零点。正所谓年之始，月之始，日之始，时之始。这实际上也符合中华民族作为一个农耕民族所独有的特质：农作物的自然周期决定了中华民族的时间意识。于此年复一年的循环往复中，中华民族最终把春节确立为集体时间意识中的元点，使整个民族的生活秩序得以牢固确立，此即民族意识中的最重要的"时间自觉"。

与此同时，人类还必须生存在一定的空间范围之内。这个空间可以极其大，亦可以非常小，但对于每位中国人而言，最核心的莫过于家庭。在中国的社会组织中，家庭这个细胞承担着最基本、最重要、最温馨也最稳定的社会功能。孟子曾言："天下之本在国，国之本在家。"古人惯于以家来比喻和满足其对整个国家乃至天下的空间想象，可见家在中华民族心中的分量之重简直无可比拟。因而每逢春节必返乡团聚，空间的元点又因节日而确立下来。

德国哲学家康德指出："每个开端都存在于时间之中，而广延性的一切界限，都存在于空间之中。但空间和时间都存在于感觉的世界中。"正是在如此重要的时间起点之际，人们纷纷回归空间的元点，个中的意义非同寻常，每家每户所蕴藏的情感洪流汇聚成具有无比神圣性的中华民族的欢聚时刻——春节。这便是"一国之人皆若狂"的缘由所在。

二、春节的礼仪与习俗

《礼记》这部著作里面，收录了大量有关春节的礼仪与习俗。相传《礼记》一书先后由西汉礼学家戴德、戴圣编纂,分称为《大戴礼记》《小戴礼记》,后世流传的《礼记》版本主要是《小戴礼记》。该书凡四十九篇,是一部以儒家礼论为主的论文汇编。近代著名学者梁启超如此评价《礼记》的价值:"欲知儒家根本思想及其蜕变之迹,则除《论语》《孟子》《荀子》外,最要者实为两《礼记》。而《礼记》方面较多,故足研究资料者亦较广。"所以了解古人春节之礼俗,《礼记》是极好的参考材料。

春节祭祀,是彼时无论官方还是民间,都视为极为庄重且须反复操演的活动。早在商代甲骨文中便将"祀"指代过年,可见祭祀在春节中的地位举足轻重。农历把十二月称为"腊月",正是在该月进行隆重的"蜡祭"。《礼记·月令》有载:"是月也,大饮烝。天子乃祈来年于天宗,大割祠于公社及门闾。腊先祖、五祀,劳农以休息之。"这个月里,天子要和群臣在太学举办宴会,共饮美酒,并祭祀宗庙。具体流程是天子向日、月、星辰祈祷来年风调雨顺、大获丰收,命人宰杀并割裂牲畜身体以祭祀土地神及城门和里门。用田猎所获的禽兽进行门、户、中雷、灶、行五祀的祭拜,同时朝廷还要慰劳农民,让他们得以休息,一场通过礼仪发动的官民"狂欢"徐徐拉开。

至于具体的祭祀规程,《礼记·郊特牲》中写道:"天子大蜡八。伊耆氏始为蜡,蜡也者,索也。岁十二月,合聚万物而索飨之也。蜡之祭也:主先啬,而祭司啬也。祭百种以报啬也。飨农及邮表畷,禽兽,仁之至、义之尽也。古之君子,使之必报之。"天子主持的大蜡祭,所祭神灵共八种。从伊耆氏开始,蜡祭就诞生了。蜡字的含义,从词源学上来讲就是索求之意,因为按古音"蜡"与"索"叠韵,读音相近。具体流程,即周历每年的十二月,待农事终了,百姓安歇之际,聚集万物,索求其神灵好生祭飨一番。蜡祭的神灵,主要包括:始创农业的"先啬",附带而及主管农事的"司啬"。再祭祀谷神,就是报答"先啬"和"司啬"收获之功。还要祭田官之神、祭田间庐舍和叶陌之神,祭包括虎猫在内的禽兽。从报恩的角度上说,真可谓仁至义尽了。这恰恰体现了《礼记》所代表的儒家精神:古代的君子,对于有利于农作物的神灵,一定要知恩图报。

除却严肃的祭祀,尚有欢畅的宴饮娱乐。《礼记·郊特牲》云:"顺成之方,其蜡乃通以移民也。"南宋学人陈澔有过精到的解释:"盖岁丰则民财稍可宽舒用之也。党正属民饮酒,始虽用礼,及其饮食醉饱,则亦纵其酣畅为乐。夫子所谓一日之泽是也,农民终岁勤动,而于此时得一日之乐,是上之人劳农之美意也。"这实际上给我们展现了一幅很是生动的场景:经过一番浩大的田猎后,祭祀所需的粮食以及牺牲都是民众每家每户供给。此供品在蜡祭之后,由全体民众享用,无疑是一次饮宴盛会。将蜡祭的供品熬煮成粥食,由民众分而食之。这种聚餐的情景是合乎当时历史条件下的民众生活。他们将自己生产出来的农产品以及田猎时猎获的小兽小禽作为祭祀神灵的祭品,一方面庆祝丰收,另一方面报答神灵的护佑。于是祭祀便具备了无上的神圣感,又成为所有生活在这片土地上人们的嘉年华。无怪乎孔子指出"张而不弛,文物弗能也;弛而不张,文武弗为也;一张一弛,文武之道也"。终日忙碌,难得一聚,开怀酣醉,再归日常。生活劳作的节奏充满了可贵的弹性。

祭灶也是一项非常重要的春节礼俗。《礼记·祭法》中明确规定:"王为群姓立七祀:曰司命,曰中霤,曰国门,曰国行,曰泰厉,曰户,曰灶。"并强调"庶士、庶人立一祀,或立户,或立灶"。可见祭祀者是不分等级、贵贱、阶级的,祀灶是最通常、最普遍的祭祀。

祭灶对象自然是灶神,这一活动由来已久,《礼记·礼器》云:

"夫奥者,老妇之祭也,盛于盆,尊于瓶。"由此大致可以判断先秦时代,祭灶是妇女们的祭祀活动。盛食于盆,盛酒于瓶,以报答灶神对人饮食给予的功德。按古代礼制规定,"庶人、庶士"的蜡祭仪礼只能祭祀一方神灵,或祭拜户神,或祭拜灶神,但从实际运作来看,民间普遍常见是祭祀灶神,于是一直绵延至今。

《礼记·乐记》有云:"乐者,天地之和也;礼者,天地之序也。和,故百物皆化;序,故群物皆别。"春节作为中华民族的重要传统,于久远时萌生,在漫长里成熟,具有了连续性、传承性与神圣性,以"一国之人皆若狂"的形式使得中华民族的儿女们更为深刻地凝聚在一起,润物无声地达到了"百物皆化""群物皆别"的境界。传统播种在过去,结果在今天,纵使岁月不居、新陈代谢,然在飞快节奏中得喘息,在紧张忙碌里求温馨,依旧是每位中国人的集体记忆与心理需求。换言之,再新的社会生活,也需要故有的传统,载于《礼记》中的春节,定会历久弥新,温润代代国人。

第四篇

文化自信所趋

"两个结合"的鲜明时代意义

　　2021 年 7 月 1 日,习近平总书记在庆祝中国共产党成立 100 周年大会上发表的重要讲话,首次明确提出"坚持把马克思主义基本原理同中国具体实际相结合、同中华优秀传统文化相结合"的重大命题。此后理论界、学术界对该重大论断进行了深入热议与论证。同年 11 月,党的十九届六中全会在总结"坚持理论创新"的历史经验时,特意把"两个结合"的重大论断正式写进《中共中央关于党的百年奋斗重大成就和历史经验的决议》中。"两个结合"重大论断,是新时代以习近平同志为核心的党中央进行理论创造形成的最新的深刻认识,在马克思主义基本原理"同中国具体实际相结合"的基础上,进一步提出"同中华优秀传统文化相结合",形成"两个结合"的重大论断,这是中国共产党推进马克思主义中国化实践深入发展的理论创新成果,具有鲜明的时代意义。

　　同时,深入研读《中共中央关于党的百年奋斗重大成就和历史经验的决议》中在"开创中国特色社会主义新时代"时期有关文化建设上的变革,其中旗帜鲜明地强调"中华优秀传统文化是中华民族的突出优势,是我们在世界文化激荡中站稳脚跟的根基,必须结合新的时代条件传承和弘扬好。我们实施中华优秀传统文化传承发展工程,推动中华优秀传统文化创造性转化、创新性发展,增强全社会文物保护意识,加大文化遗产保护力度。加快国际传播能力建设,向世界讲好中国故事、中国共产党故事,传播好中国声音,促进人类文明交流互鉴,国家文化软实力、中华文化影响力明显提升",正体现了十八大以来党中央一贯的态度,取得的成就也正得益于始终坚持将马克思主义基本原理同中华优秀传统文化有机结合的摸索,其所展现的实践路径与经验值得深入总结。

一

马克思主义传入中国后,科学社会主义的主张受到中国人民热烈欢迎,并最终扎根中国大地、开枝散叶终结出硕果,绝不是偶然的,而是同我国传承了几千年的优秀历史文化和广大人民日用而不觉的价值观念相融通的。

在中国共产党百年光辉奋斗历程中,马克思主义中国化与中华优秀传统文化的现代化始终紧紧交织在一起。"我们是马克思主义的历史主义者,我们不应当割断历史。从孔夫子到孙中山,我们应当给以总结,承继这一份珍贵的遗产",毛泽东同志关于马克思主义真理与传统文化遗产的关系论断,依然回响在今天新的征程上。百年来,从"实事求是"的创造升华到"小康"概念的现代转化,从"以德治国"的提出到"和谐社会"的构建,从"人民至上"的精辟概括到"人类命运共同体"的宏大倡议……革命、建设、改革时期,一个个理论创新的侧面证明,马克思主义基本原理同中华优秀传统文化相结合,既引发了中华文明的"旧邦新命",也推动了马克思主义中国化向纵深发展。

百年探索波澜壮阔硕果累累,五千年文明薪火相传生生不息。正是得益于马克思主义基本原理同中华优秀传统文化相结合,马克思主义中国化才孕育出一个又一个理论硕果,中华民族不熄的文明根柢才重新活化,中华文明再次迸发出改天换地的精神力量。

回顾百年二者结合的光辉历程,不难窥知,独特的文化传统,迥异的历史命运,不同的基本国情,注定了我们必然要走适合自己特点的发展道路。党的十八大以来,中国特色社会主义进入新时代,以习近平同志为核心的党中央继续推进马克思主义中国化,提出着力解决"四个讲清楚"的重要命题,即"要讲清楚每个国家和民族的历史传统、文化积淀、基本国情不同,其发展道路必然有着自己的特色;讲清楚中华文化积淀着中华民族最深沉的精神追求,是中华民族生生不息、发展壮大的丰厚滋养;讲清楚中华优秀传统文化是中华民族的突出优势,是我们最深厚的文化软实力;讲清楚中国特色社会主义植根于中华文化沃土、反映中国人民意愿、适应中国和时代发展进步要求,有着深厚历史渊源和广泛现实基础"。这一重要论述将马克思主义基本原理同中华优秀传统文化相结合升至新高度、拓展了新宽度、挖掘出新深度,构成了习近平新时代中国特色社会主义思想的重要组成部分。具体而言,包括如下三大层次。

坚定文化自信,确立了二者在新时代结合的根本遵循。党的十八大以来,习近平总书记站在历史和时代的高度,强调文化自信,并作出深刻论述,指出:"文化自信是一个国家、一个民族发展中最基本、最深沉、最持久的力量。"这是一个国家、民族、政党对自身文化价值的充分肯定,对自身文化生命力的坚定信念。对中国共产党而言,文化自信本质上是指对中国特色社会主义文化的自信。坚定中国特色社会主义道路自信、理论自信、制度自信,说到底就是要坚定文化自信。我们的中国特色社会主义文化,既具有悠长深厚的积淀和底蕴,又在马克思主义思想的指引下,于现实实践中不断进行文化创新与发展。坚定文化自信,事关国运兴衰、事关文化安全、事关民族精神独立性。这毫无疑问成为马克思主义基本原理同中华优秀传统文化相结合的切入点与立足点,也是习近平新时代中国特色社会主义思想在文化建设方面的总纲领。实践早已证明,只有用浸润着辩证唯物主义和历史唯物主义的世界观、方法论来认识、分析、把握、辨明中华优秀传统文化,才能实现二者之间的深度结合。

坚守"不忘本来、吸收外来、面向未来",指明了二者在新时代结合的重要方针。"本来"是过去、传统和历史,更是本色、底蕴与根基。不忘本来,意味着不能遗忘中华民族的立足之本、精神之源,就必须通过继承创新、推陈出新和守正开新来传承弘扬中华优秀传统文化,意味着始终牢记"马克思主义就是我们党和人民事业不断发展的参天大树之根本,就是我们党和人民不断奋进的万里长河之泉源"。"外来"是世界一切的优秀文明成果,吸收外来,就必须秉持以我为主、辩证取舍和洋为中用的方针,不断加强马克思主义的指导地位,持续保持中华文化活力。"未来"是指中华民族伟大复兴的光明前景。近代以来,实现中华民族伟大复兴,就成为中国人民和中华民族最伟大的梦想。面向未来,就必须实现中华文明的高度发达、实现马克思主义所强调的"人的全面发展",就必须用马克思主义观察时代、把握时代、引领时代,同中华优秀传统文化深入结合。因此,作为"本来"的中华优秀传统文化与马克思主义基本原理,同作为"外来"的世界一切优秀文明成果,在文明交流互鉴的宏大对话中,必定有机地融汇到实现中华民族伟大复兴的"未来"之中。

坚持创造性转化、创新性发展,提供了二者在新时代结合的基本路径。党的十九大报告明确提出:要坚持创造性转化、创新性发展,不断铸就中华文化新辉煌。首先,该论断明确了我们党对中华优秀传统文化的科学态度,即其中蕴涵着中华民族的文化精神、文化品格和文化根性,能为新时代坚持和发展中国特色社会主义提供必不可少的精神支撑。从而破解了长期困扰文化建设的一大难题。毕竟"中华优秀传统文化与社会主义市场经济、民主政治、先进文化、社会治理等还存在需要协调适应的地方。弘扬中华优秀传统文化,要处理好继承和创造性发展的关系,重点做好创造性转化和创新性发展。创造性转化,就是要按照时代特点和要求,对那些至今仍有借鉴价值的内涵和陈旧的表现形式加以改造,赋予其新的时代内涵和现代表达形式,激活其生命力。创新性发展,就是要按照时代的新进步新进展,对中华优秀传统文化的内涵加以补充、拓展、完善,增强其影响力和感召力"。其次,巩固了我们党对中华优秀传统文化的既有成就。毫无疑问,中国共产党人是马克思主义者,坚持马克思主义的科学学说,坚持和发展中国特色社会主义,同时始终是中国优秀传统文化的忠实继承者和弘扬者,百年来的对传统文化的因革损益、去粗取精,既体现了文化的继承性和传承性,又体现了文化的发展性和变革性,实际上也归属于马克思主义中国化的历程中。再次,揭示了二者结合的实践路径。中华优秀传统文化是中华文明绵延不绝的源头活水,与时代同步伐,与人民共命运,关注和回答时代和实践提出的重大课题,是马克思主义永葆生机活力的奥秘所在。经过百年交融,二者已经彼此"互化"、深相结合。放眼未来,这两大思想文化体系当继续沿着创造性转化、创新性发展的路径,在回应时代问题的探索中,达致一种更高层次和意义上的"结合",即创造性的"融合"。

二

回顾十八大以来党中央在坚持"马克思主义基本原理同中华优秀传统文化相结合"方面的实践与探索，给我们最大启示便是在如此复杂且重要的历程中，一方面需要深刻理解马克思主义基本原理之真谛，另一方面还需要继续推进和发展对中华优秀传统文化内核的存留与挖掘，警惕文化虚无主义、历史虚无主义和复古主义等错误思潮。切实做到运用马克思主义基本原理激活中华优秀传统文化的精髓，在立足实践、面向未来、迈进复兴的过程中不断推动两者相结合。申言之，可归结为三个方面。

第一，坚持以马克思主义基本原理作为两者结合的根本遵循。首先，这是由马克思主义基本原理的理论品质所决定的。众所周知，马克思主义是立足18、19世纪欧洲资本主义工商业社会而诞生，属于时代精神的总结；同时，马克思主义批判地继承了德国古典哲学、英国古典政治经济学和法国空想社会主义思想，建立在对彼时文明高度批判的基础之上，代表了人类最先进的思想精华。而中华优秀传统文化是中国传统农耕文明的产物，所以习近平总书记着意指出："我国农耕文明源远流长、博大精深，是中华优秀传统文化的根。我国很多村庄有几百年甚至上千年的历史，至今保持完整。很多风俗习惯、村规民约等具有深厚的优秀传统文化基因，至今仍然发挥着重要作用。"势必决定了必须以马克思主义基本原理作为两者结合的根本遵循。其次，这是由马克思主义的指导地位决定的。马克思主义是我们立党立国、兴党强国的根本指导思想，中华优秀传统文化是中华民族赖以文脉不辍、基因永续的"根"和"魂",可谓中华民族的精神命脉和文化基因。百余年来,中国共产党人将马克思主义基本原理同中华优秀传统文化相结合的初衷与目标即在于推动马克思主义中国化。故强调二者相结合,既不是要淡化或削弱马克思主义的指导,也不是抹杀中华优秀传统文化的独特优势,恰恰是为了结合中国历史文化实际来巩固和夯实马克思主义的指导地位。再次,这也是马克思主义自身发展的必然需求。我们要建构和发展当代中国马克思主义、21 世纪马克思主义,就须在与中华优秀传统文化结合的具体过程中,采用更具备中国气派、中国风格,更蕴含中国精神、民族内涵的形式,兼收并蓄,吸收和萃取中华优秀传统文化的思想观念、人文精神、道德规范,从而更好地深深扎根于中国大地之中。

第二,"马克思主义基本原理同中华优秀传统文化相结合"的主体必须是且只能是中国共产党人。在纪念孔子诞辰 2565 周年国际学术研讨会上,习近平总书记指出,"中国共产党人是马克思主义者,坚持马克思主义的科学学说,坚持和发展中国特色社会主义,但中国共产党人不是历史虚无主义者,也不是文化虚无主义者。我们从来认为,马克思主义基本原理必须同中国具体实际紧密结合起来,应该科学对待民族传统文化,科学对待世界各国文化,用人类创造的一切优秀思想文化成果武装自己"。这实际上指明,首先,实现"马克思主义基本原理同中华优秀传统文化相结合",中国共产党人须在坚持马克思主义基本原理指导下,秉持着尊重历史、尊重文化的态度,去实现中华优秀传统文化的返本开新、与时偕新。其次,中国共产党人是中华优秀传统文化的忠实传承者与弘扬者,一直以来,推动中华优秀传统文化创造性转化、创新性发展是新时代的文化使命,这要求我们要以中华文明的主体身份,坚持客观、科学、礼敬的态度对待我们的文化宝库。再次，至为关键的，是实现二者的结合，以科学真理引领中华优秀传统文化的方向，使其与现代社会相融互通，得以"活在当下"、走向未来，从而在实现中华民族伟大复兴的征程中焕发出愈发夺目的文明之光。

第三，在具体对中华优秀传统文化的结合再造上，须坚持正确有效的立场与态度。自古至今的历史证明，中华优秀传统文化所具有的强大精神动力，是凝聚人心、汇聚民力的强大力量，聚之不易，成之不易。首先，在结合思路上当循名责实，紧扣实际。要在科学理论的指引下，真正把握中华优秀传统文化之精髓，经一番深入研究与阐发，从而货真价实地创造性转化、创新性发展，赋予其新的内涵与价值。其次，在具体操作上，须坚守知行合一，行胜于言。中华优秀传统文化与马克思主义基本原理之有机结合，贵在大处着眼，而在落细、落小、落实上下功夫。再次，在推进心态上，应胸怀长远，事缓则圆。客观而言，近代以来中国始终处于大变局之中，一代代国人前赴后继、孜孜以求的探索，潜移默化地形塑了一种焦虑感或紧迫感，这势必不利于结合之实效。这要求我们真懂而真用，久久以为功。

党的二十大报告指出，实践告诉我们，中国共产党为什么能，中国特色社会主义为什么好，归根到底是马克思主义行，是中国化时代化的马克思主义行。中国共产党人深刻认识到，只有把马克思主义基本原理同中国具体实际相结合、同中华优秀传统文化相结合，坚持运用辩证唯物主义和历史唯物主义，才能正确回答时代和实践提出的重大问题，才能始终保持马克思主义的蓬勃生机和旺盛活力。

人类总是在创造中前进，文明总是在历史中累积。党的十八大以来，以习近平同志为核心的党中央坚持运用马克思主义的世界观和方法论，深入把握中华文明的历史脉络，洞悉中华优秀传统文化的内核,深刻而系统地解答了马克思主义基本原理同中华优秀传统文化在新时代有机结合的根本遵循、重要方针和基本路径等关键问题,为中华文明引领时代奠定了坚实基础,达到了马克思主义基本原理同中华优秀传统文化有机结合的新境界,以文明之光照亮了中华民族伟大复兴的光明前景。

中华优秀传统文化同科学社会主义价值观主张具有高度契合性

　　在党的二十大报告"开辟马克思主义中国化时代化新境界"部分中,当涉及"马克思主义基本原理同中华优秀传统文化相结合"论断时,报告着意提出:"中华优秀传统文化源远流长、博大精深,是中华文明的智慧结晶,其中蕴含的天下为公、民为邦本、为政以德、革故鼎新、任人唯贤、天人合一、自强不息、厚德载物、讲信修睦、亲仁善邻等,是中国人民在长期生产生活中积累的宇宙观、天下观、社会观、道德观的重要体现,同科学社会主义价值观主张具有高度契合性。"这里明确强调中华优秀传统文化同科学社会主义价值观主张具有高度契合性,可谓给学术界、思想界和理论界提出了极其新颖且极为重要的课题。

　　众所周知,马克思主义基本原理同中华优秀传统文化相结合,已走过了一百多年历程,自 1921 年中国共产党创立初期的初步结合,到 1943 年 5 月,中共中央在《关于共产国际执委主席团提议解散共产国际的决定》中指出:"要使得马克思列宁主义这一革命科学更进一步地和中国革命实践、中国历史、中国文化深相结合起来。"再到2021 年 3 月 22 日,习近平总书记在福建考察时强调,"要把坚持马克思主义同弘扬中华优秀传统文化有机结合起来,坚定不移走中国特色社会主义道路"。自"初步结合"、"深相结合"至"有机结合",随着中国共产党人对马克思主义基本原理的领悟愈来愈深,对中华优秀传统文化的把握越来越准,"第二个结合"愈益彰显出理论的光芒与文化的底蕴。放眼未来,这两大思想文化体系,当继续沿着创造性转化、创新性发展的路径,在回应时代问题的探索中,达致一种更高层次和意义上的"结合",即创造性的"融合"。

倘若说"融合"是面向未来的长远目标,"结合"是回顾百年的成功路径,那毫无疑问"契合"则意味着彼此互通的内在可能。当然,百年的结合历程已用无可争议的诸多伟大创造与重大创新,证明马克思主义基本原理同中华优秀传统文化之间是深深相契且道理相合的。故立足新的历史起点与征程,我们重返原点,去探寻二者的"可能性",则不再是追问"是否可能",而是总结"因何可能",进而更好地为今后"把马克思主义思想精髓同中华优秀传统文化精华贯通起来、同人民群众日用而不觉的共同价值观念融通起来"积累可贵经验。

须知,马克思主义主要由哲学、政治经济学、科学社会主义三大组成部分构成。这三大组成部分分别来源于德国古典哲学、英国古典政治经济学、法国空想社会主义,然而,最终升华为马克思主义的根本原因,是马克思对所处的时代和世界的深入考察,是马克思对人类社会发展规律的深刻把握,故而具有着强烈的时代感与内在的现代性。与之不同,中华文化是农耕文明的产物,我国农耕文明源远流长、博大精深,是中华优秀传统文化的根。正肇因于此,中华优秀传统文化与社会主义市场经济、民主政治、先进文化、社会治理等还存在需要协调适应的地方。故二者相结合的过程,实际上属于一种

"有选择性的亲和",并非一一对应的机械复制粘贴,亦非此消彼长的互相竞争替代。这势必需要中国共产党人既要善于进行"传统的发现",找到中华优秀传统文化可与马克思主义基本原理深入契合处,为科学理论深深扎根中国筑牢基石,又当善于进行"传统的发明",用马克思主义基本原理激活长存华夏文明之内的文化基因,为优秀文化久久承继弘扬创造条件。

尚需说明的是,马克思主义基本原理同中华优秀传统文化相结合,属于两大思想文化体系的相通互容,并非简单理念上之一一对应,更无"照方抓药"式的模板可供依循。为便于解释二者间的高度契合,笔者姑且采取化整为零的路径,从四个层面大致剖析该种"可能性"。

第一,二者在世界本原的认识上相契合。马克思主义的理论基石是唯物论,认为世界是物质的,物质第一性、意识第二性,物质决定意识,意识对物质具有能动的反作用,因此一切事物的发展变化皆有其客观规律。中华优秀传统文化中蕴含着丰富的朴素唯物主义思想资源。比如,在世界的本原、人的起源等问题上,儒家讲"万物本乎天,人本乎祖""天生烝民",道家讲"道生一、一生二、二生三、三生万物",亦包涵类似的思想元素。

第二,二者就辩证方法的理解相契合。唯物辩证法是马克思主义研究自然、社会、历史和思维的科学方法,核心内容是对立统一规律、量变质变规律、否定之否定规律;主张坚持发展地而非静止地、全面地而非片面地、普遍联系地而非孤立地观察事物、看待问题;主张人们在认识和实践活动中,要一切从实际出发,按客观规律办事。中华优秀传统文化中的朴素的辩证法思想丰富而深邃,比如《周易·系辞》中倡导"穷则变,变则通,通则久";《道德经》中认为"祸兮福之所倚；福兮祸之所伏"；《论语》有云："举一隅不以三隅反，则不复也"。这些思想资源被毛泽东同志进行了创造性转化，他在撰写《矛盾论》时，就指出"《水浒传》上有很多唯物辩证法的事例，这个三打祝家庄，算是最好的一个"。

第三，二者对实践的把握相契合。马克思强调："全部社会生活在本质上是实践的""哲学家们只是用不同的方式解释世界，问题在于改变世界"。实践性是马克思主义理论区别于其他理论的显著特征。这种理念在中华优秀传统文化中亦有着鲜明的体现。比如先秦荀子讲道："不闻不若闻之，闻之不若见之，见之不若知之，知之不若行之"；北宋大儒张载提出了响彻古今的"横渠四句"——"为天地立心、为生民立命、为往圣继绝学、为万世开太平"，直至明儒王守仁提出"知行合一"，提倡"知之真切笃实处即是行，行之明觉精察处即是知"，无不是强调认识与实践的一致性。毛泽东同志将其名篇《实践论》副标题定为"论认识和实践的关系——知和行的关系"，堪称马克思主义基本原理同中华优秀传统文化相结合的创举和典范。

第四，二者对构建未来理想社会的认知相契合。《共产党宣言》里明确指出，"代替那存在着阶级和阶级对立的资产阶级旧社会的，将是这样一个联合体，在那里，每个人的自由发展是一切人的自由发展的条件"，无产阶级第一次成为历史进程的主人，科学社会主义理论为建立一个没有压迫、没有剥削、人人平等、人人自由的理想社会，最终实现从"必然王国"到"自由王国"的飞跃指明了方向。自古以来，"大同理想"就是中华优秀传统文化中非常重要的观点与无数国人梦寐以求的愿景。比如《礼记·礼运》描绘了"大道之行，天下为公""老有所终，壮有所用，幼有所长，鳏寡孤独废疾者皆有所养"的大同社会景象；《孟子·梁惠王上》主张"老吾老，以及人之老；幼吾幼,以及人之幼";墨家也有"饥者得食,寒者得衣,劳者得息"的观点。于此不难看出悠久深厚的中华文明的智慧结晶与马克思主义追求的共产主义理想不谋而合,有异曲同工之妙。

"马克思主义基本原理同中华优秀传统文化相结合"是一个理论命题,更是一项实践课题,所以二十大报告强调要"不断赋予科学理论鲜明的中国特色,不断夯实马克思主义中国化时代化的历史基础和群众基础,让马克思主义在中国牢牢扎根"。要之,在第二个一百年的新征程上,我们仍需遵循持续发掘更深层次"契合"处的经验,沿着趋于更加有机结合的路径,为实现创造性的"融合"孜孜以求、久久用力。

弘扬中国精神,增强文化自信

　　2017 年 3 月 2 日下午,在全国政协十二届五次会议新闻发布会上,大会新闻发言人就全国政协提振文化自信方面的成果与计划进行了说明。据悉,全国政协各级组织高度重视,坚持文化自信,弘扬中华文化。2016 年全国政协开展的 91 项视察调研活动,其中与文化文艺有关的达 21 项。2016 年 8 月份,全国政协还召开了以"文艺繁荣"为主题的议政性常委会。2017 年,全国政协已经安排围绕"坚持文化自信,讲好中国故事"展开调研,并召开专题协商会。

　　2016 年,习近平总书记在庆祝中国共产党成立 95 周年大会上指出,文化自信,是更基础、更广泛、更深厚的自信。此后,全党上下对文化问题的关注提升到了前所未有的高度。与此同时,随着习近平总书记在全国文艺工作座谈会上、在中国文联十大、中国作协九大开幕式上的讲话,以及 2017 年 1 月由中共中央办公厅、国务院办公厅印发的《关于实施中华优秀传统文化传承发展工程的意见》等一系列重要精神、文件的传达与下发,再到总书记 2017 年 3 月 4 日看望参加全国政协十二届五次会议的民进、农工党、九三学社委员,回应联组会委员建言时强调,"提升中华文化国际影响力要加把劲,筑牢文化自信"等等,都说明我们党对文化自信有着更新更高且更深入更全面的目标与要求。因此,为了更好地弘扬中国精神,推动社会主义文化繁荣发展,我们必须立足于更为宏观的视野与多元的维度来审视文化自信。

首先,中华文明源远流长,我们应当重寻文化自信。中华优秀传统文化绵延数千年,灿烂辉煌,硕果累累,其积淀着中华民族最深沉的精神追求,代表着中华民族独特的精神标识,是中华民族生生不息、发展壮大的丰厚滋养,是中国特色社会主义植根的文化沃土。回顾我们悠久的古史,不难发现,那些国力强盛、政局稳定的时期,大多在文化上也异常繁盛。比如唐朝开元之际,诗人杜甫在其名作《忆昔》中写道,盛世的标志,不单是"稻米流脂粟米白,公私仓廪俱丰实"的国力富强,也不仅限于"九州道路无豺虎,远行不劳吉日出"的社会稳定,更有着"宫中圣人奏云门,天下朋友皆胶漆"的文化自信与"百余年间未灾变,叔孙礼乐萧何律"的制度自信。并且,文化软实力的提升反过来对国力、政局有着促进作用。正基于此,我们党倡导坚持创造性转化、创新性发展,坚守中华文化立场、传承中华文化基因,恰恰是从中华文明宝库中重寻文化自信的一种体现。

其次,社会主义文化独树一帜,我们应当重拾文化自信。毋庸讳言,进入近代以来,中国面临着三千年未有之大变局,不光西力东侵,西学亦在东渐。主权沦丧、备受欺凌的同时,我们传统的很多价值观也日渐遭受西方观念的冲击与消解。一言以蔽之,近代中国陷入了民族与文化危机的双重困境当中。救国与救心需并举,救心关键在文化,这便是当年新文化运动领袖陈独秀提出"救中国、建共和,首先得进行思想革命"的初衷所在。中国共产党自诞生之日起,无论在革命年代还是建设时期和改革开放阶段,都不忘初心、牢记使命,一百余年间孕育创造了井冈山精神、长征精神、延安精神、西柏坡精神、"两弹一星"精神、抗洪精神等重要的革命文化与社会主义先进文化，这些红色基因渗入民族的血脉和国人心中，成为我们战胜艰难险阻、不断创造奇迹的精神航灯和信念路标。这也充分说明不断发展的社会主义文化独树一帜，我们已经重新拾回文化自信。

再次，中华民族伟大复兴的中国梦以文化铸魂，我们应当重塑文化自信。习近平总书记指出，实现中华民族伟大复兴，需要物质文明极大发展，也需要精神文明极大发展。这是一项前无古人的伟大事业，其任务也重，其道路也远。作为一国之脉、民族之魂，文化的创新与繁荣必不可少。因而身处大变革时代，我们要想建设社会主义文化强国，增强国家文化软实力，既不能吃传统文化的老本，也不能满足于当前的文化建设成果，而是应当不断赋予社会主义文化以新的时代内涵和现代表达形式，唯有如此，才能实现"国家文化软实力的根基更为坚实，中华文化的国际影响力明显提升"的目标，也才能通过重新塑造新时代的文化自信来真真正正为伟大复兴的中国梦铸魂。

习近平总书记在党的十九大报告中指出："文化是一个国家、一个民族的灵魂。文化兴国运兴，文化强民族强。没有高度的文化自信，没有文化的繁荣兴盛，就没有中华民族伟大复兴。"2020年9月8日，习近平总书记在全国抗击新冠肺炎疫情表彰大会上的讲话中指出，"文化自信是一个国家、一个民族发展中最基本、最深沉、最持久的力量"。因此，弘扬中国精神，增强文化自信，对于增强中华民族凝聚力、向心力、创造力，构筑中华民族共有精神家园，聚合实现中华民族伟大复兴的精神力量，落实党的二十大提出的"围绕举旗帜、聚民心、育新人、兴文化、展形象建设社会主义文化强国"的目标要求，具有十分重要的意义。

　　以人民为本,秉开放心态,先因而后创,反本而开新。我们只有回顾历史,立足当前,放眼未来,从这三个维度理解文化自信的丰富内涵与广阔纵深,才能将增强文化自信工作做得更深入,落到扎实处。

深入理解"伟大建党精神"的内涵

习近平总书记在庆祝中国共产党成立 100 周年大会上明确指出:"一百年前,中国共产党的先驱们创建了中国共产党,形成了坚持真理、坚守理想,践行初心、担当使命,不怕牺牲、英勇斗争,对党忠诚、不负人民的伟大建党精神,这是中国共产党的精神之源。"于中国共产党百年华诞之际,正式提出"伟大建党精神",意义非凡,堪称党的理论创新又一重要成果。

笔者认为,紧扣"精神之源"这一关键判断,以大历史观为视角,似可从愈发宏大开阔的历史、理论和实践维度剖析伟大建党精神的生成机理、体系特质与内在构成。

一、精神源起:"伟大建党精神"
形成的历史境遇

著名党史专家金冲及先生曾通过与发动辛亥革命的同盟会的比较,揭示出中国共产党所具备的以往中国历史上任何政党不曾有过的三大全新特点:第一,它旗帜鲜明地用科学理论——马克思主义来观察和分析中国的问题;第二,"党一成立就到社会底层去,到基层群众中去,特别是工人、农民中去。这是共产党的根本,是中国以往任何政党没有做过的";第三,把党建成一个有共同理想和严格纪律的先进分子组成的坚强有力的革命政党,使它成为领导革命事业的核心力量。可以说,正是因为这三大特点深深内聚在中国共产党之中,才能形成惊天动地、历久弥新的"伟大建党精神"。

而这一精神破土萌芽的诱因,便是与自15世纪末以来伴随大航海时代所引发的中西"大分流"、20世纪上半叶欧战前后的对现代性潮流反省息息相关。众所周知,航海技术的进步改变了人类对世界的认知,也因之与契约精神、产权意识、技术跃迁、海外殖民、国际贸易等重重因素的"化合效应",以英国为首的西方世界实现了第一次工业革命。而当时随着清朝统治者政治上奉行专制高压,文化上大兴文字狱,对外关系上闭关锁国,中华文明逐渐失去了往日活力。中西之间的"大分流"也自此拉开。

与此同时,英法诸国实力与日俱增,开始不断对外扩张。危难当前,破局之道,只有励精图治,实现向民族国家迈进的艰难转型,探索一种适合中国的现代化之路。此期间"国家蒙辱、人民蒙难、文明蒙尘,中华民族遭受了前所未有的劫难。从那时起,实现中华民族伟大复兴,就成为中国人民和中华民族最伟大的梦想"。"太平天国运动、戊戌变法、义和团运动、辛亥革命接连而起,各种救国方案轮番出台,但都以失败而告终。中国迫切需要新的思想引领救亡运动,迫切需要新的组织凝聚革命力量。"

时光流转至1918年,第一次世界大战的惨绝人寰引发了国人的强烈思考。正如英国史学家霍布斯鲍姆所形容的,"19世纪崇高伟大的文明大厦,也从此在战火中灰飞烟灭"。这令中国人不得不重新审视中西文化,重新思考中国未来的指导理论问题。

以梁启超、梁漱溟等为代表的学者,通过反思现代性,主张对于中西文化问题"正是要下解决的时候,非有此种解决,中国民族不会打出一条活路来",采取中西调和的方式以期复兴中华文明,片面强调了文化的承继性却忽略了文化的时代性。以陈独秀、李大钊为首的部分新文化旗手,他们首先深刻反思现代性,在透彻反思欧洲的基础之上,俄国十月革命爆发后,他们选择马克思主义。而后,中国共产党担负起领导人民实现民族独立、人民解放和国家富强、人民幸福的历史重任,马克思主义成为中国革命、建设、改革事业的指导思想。

在文明深思中由反省现代性到服膺马克思主义,党的早期领导人的思想内在演进脉络,彰显出他们高度的文化自觉与文化自省。这实际上也为"伟大建党精神"的孕育开辟了宏阔的历史语境和广大的文明视野。这种精神不是凭空而来的,是在漫长的世界历史与文明的演进过程中,在马克思主义基本原理同中国具体实际、中华优秀传统文化的深层结合中生长出来的。

二、精神源头:"伟大建党精神"的体系特质

在一百年的非凡奋斗历程中,一代又一代中国共产党人顽强拼搏、不懈奋斗,涌现了一大批视死如归的革命烈士、一大批顽强奋斗的英雄人物、一大批忘我奉献的先进模范,形成了一系列伟大精神,构筑起了中国共产党人的精神谱系,为我们立党兴党强党提供了丰厚滋养。

"伟大建党精神"与"中国共产党人的精神谱系"是何种关系,这

个问题值得研究也必须说清。

首先,将"伟大建党精神"定位成"精神之源",是针对中国共产党而言,是我们党百年奋斗历程所形塑的精神密码的高度概括。没有百年的探索,我们不足以充分提炼这一精神;没有百年的历程,我们不足以全面把握这一精神。因此,"伟大建党精神"的 32 个字,是对中国共产党百年里"精神长征"的抽象化提炼,而"中国共产党人的精神谱系"则是具体化的表述,彼此间的逻辑层面存在差异。伟大建党精神的对象是百年党史,它是回顾历史、立足当下、展望未来的精神总结;中国共产党人的精神谱系,其对象是中国共产党人在不同历史时期所形成的具体精神集合,这些精神共同构成了中国共产党人的精神谱系。申言之,一是伟大建党精神贯穿中国共产党百年奋斗历史进程,充分体现了中国共产党历史发展的主题和主线,被中国共产党人在各个历史时期不断弘扬,是指导百年伟大实践的基础性精神动力,是中国共产党的精神之源;二是中国共产党人的精神谱系是"在长期奋斗中构建起"的,是经过不同历史时期的积累、由众多既同且异的具体精神所组成的精神集合体。伟大建党精神是基础性、本源性、延续性的精神标识,而中国共产党人的精神谱系则是基于具体精神之上的抽象集合体。

其次,伟大建党精神是超越任何一种党的具体精神的总体性概括,犹如大树之根、江河之源,即这种抽象化的总体性精神是一条始终不变的根基性线索,贯穿于中国共产党各个历史时期的伟大实践中,并针对不同实践主题衍生出不同的具体精神样态。因此,对于中国共产党的百年精神长征而言,伟大建党精神是作为一种"精神源头"而存在,其他精神是在与不同的历史实践相结合中由同一源头喷涌而出,最终形成各种样态的精神理念,汇聚成精神谱系。

三、精神源泉:"伟大建党精神"的内在构成

作为"精神之源"的"伟大建党精神"是跨越时空甚或超越时空的。因此,必须在更宏阔的时空维度中理解其内在构成。深刻认识伟大建党精神,要避免狭隘化倾向。比如,将伟大建党精神等同于中国共产党创建时期所形成的精神,甚至用"红船精神"比附伟大建党精神。这显然无法整体深入把握伟大建党精神的精神格局与理论气象。

我们应当以动态化的思维、整体性的意识看待伟大建党精神的形成过程,1921年是其形成的起点,但并非终点。不妨将其与"红船精神"比较,"红船精神"的内涵主要包括开天辟地、敢为人先的首创精神,坚定理想、百折不挠的奋斗精神,立党为公、忠诚为民的奉献精神。仔细考察,不难看出"红船精神"所指向的首创、奋斗与奉献精神,实际被涵盖在"伟大建党精神"之中,但并不足以代表伟大建党精神。客观而言,中国共产党的创立,属于伟大建党精神的关键历史开端,并不意味着已完成。

因此,我们应当从更为宏阔的时空维度审视伟大建党精神。中国共产党之所以在百年华诞时提出伟大建党精神,即在于没有百年的历史检验、没有百年的耐心积淀、没有百年的各方比较、没有百年的持续升华,就不可能真正总结凝聚成这一伟大精神力量。精神源泉一直涌动喷薄,其后精神谱系的大江大河既流淌着这一精神的纯正活水,又在百年中一同汇入这一精神的广博大海里。伟大建党精神有着任何一种党的精神所不可替代的本源性、普遍性、延续性和整

体性,既是众水之源泉,又是同趋之归宿。

　　立足于当前的研究成果,放眼未来,若想更加深入理解伟大建党精神的内涵,势必要求我们将考察视角、思路置于更为宏阔高远深邃的层面之上,去把握作为"精神之源"的伟大建党精神。它既是百年精神长征的源起,也是宝贵精神谱系的源头,更是不竭精神动力的源泉。厘清伟大建党精神中生成机理、体系特质与内在构成的诸多关系,我们距离更深入认识其思想实质,就又向前进了一步。

中华民族共同体意识的历史文化优势

实践反复证明,深厚紧密的中华民族共同体意识是割不断、打不散的。2021年8月,习近平总书记考察河北承德,在参观《望长城内外——清盛世民族团结实录》展时,一幅展现土尔扈特部万里东归的示意图,吸引了总书记的目光。

一、万里东归,青史名扬

土尔扈特部源自历史上的克烈惕部,其早期历史可上溯到公元8世纪的九姓鞑靼。明末清初,属于厄鲁特蒙古四卫拉特之一的土尔扈特部由于不堪忍受蒙古王公之间的内部纷争,于是向西迁移,最终来到伏尔加河流域。

那时,伏尔加河流域还是一片荒芜的地区,地域广袤,水草丰盛。土尔扈特部来到后,便在河的南北两岸定居下来。他们逐水草牧放牲畜,用汗水浇灌了这片漠漠荒原,在这里重建了自己的家园。

虽然身处异乡,土尔扈特人依旧心系故土。比如清康熙五十一年(1712),康熙皇帝派出图理琛使团慰问土尔扈特部。在宴请图理琛使团时,土尔扈特部首领阿玉奇说:"(土尔扈特部)衣服帽式,略与中国同;其俄罗斯乃衣服、语言不同之国,难以相比。"可见土尔扈特部曾频频与清政府遣使朝觐,驿马不绝。

然而好景不长,17 至 18 世纪正值沙皇俄国崛起、大肆扩张之时,身处异乡的土尔扈特人备受剥削和压迫。摆在他们面前的选择无非两种:要么继续任凭沙俄摆布,最终落得个族灭人亡的下场;要么奋起反抗,回归祖国的怀抱。年轻的部族领袖渥巴锡毅然决然:"为了子孙后代,我们一定要立即行动,回到太阳升起的祖国!"于是,1771 年 1 月 4 日,土尔扈特人于伏尔加河结冰之时集合部众启程归国。

归国之途,何其艰难!一路上,土尔扈特部穿越险峻山川、浩瀚沙漠,冲破沙俄军队的追赶拦截,历经艰难困苦,经过半年,终于抵达伊犁河流域,回到祖国怀抱,但一路损失严重,当时新疆、甘肃、陕西、宁夏及内蒙古等地的各族人民,以大量物资供给土尔扈特,帮助土尔扈特人渡过了难关,在祖国的故土上"皆安居得所","俾得以所至如归"。

当年秋天,乾隆皇帝在承德避暑山庄多次接见并宴请渥巴锡等人,渥巴锡将祖传腰刀进献给乾隆皇帝。土尔扈特东归壮举历时 7 个月,行程万余里,死伤近 9 万人,震动了当时的中国与西方世界。

两个半世纪前的壮举给后人留下重要启示:在一个多民族的国家中,任何一个民族想要发展、壮大都必须同祖国同呼吸、共命运;离开了祖国的怀抱,在势单力薄的情况下最终必将沦为别国的附庸。

这段令人荡气回肠的往事,展现了拳拳赤子之心,彰显了伟大民族精神,又一次印证着这样的判断:"我国是统一的多民族国家,在漫漫历史长河中形成了多元一体的中华民族。"实践反复证明,这种深厚紧密的中华民族共同体意识是割不断的、打不散的。

二、合内外之心，成巩固之业

历史的层层积淀，深深地将中华文明的文化基因镌刻于中华民族共同体意识之中。作为中国最后一个封建王朝在塞外精心营造的皇家园林，避暑山庄不仅昭示着皇家园林的气度与非凡，体现了中国建筑的雄伟与瑰丽，还蕴含着中华民族血浓于水的文化认同，凝结着中华文明绵延不绝的文化基因。

5000多年的中华文明史之所以伟大深厚，关键在于它是由众多民族一起携手塑造的，久经磨难的中华民族之所以能够风雨过后重见彩虹，也与各民族的众志成城密不可分。其中"大一统"思想就是典型的关键理念。

纵观历史，渊源有自。大一统传统之形成与完善，大致经历了五个重要阶段：先秦、秦汉魏晋南北朝、隋唐、宋元及明清。

漫长的先秦时期是大一统的滥觞期，中华文明呈现"满天星斗"的繁荣景象。众所周知，炎黄二族原是古代两个部族，在长期交往中结合为一体。《楚辞·天问》有云："焉有虬龙，负熊以游"，炎帝族的图腾龙背负黄帝族图腾熊出行，说明两族已高度融合。与蚩尤部落、三星堆文明等遍及中国各区域的文明一起形成了"重瓣花朵式"的文明格局。进入商周时代，礼乐文明逐渐发达，这为大一统思想的孕育奠定了必要的文化基础。降至春秋战国，周王室衰落，礼崩乐坏，诸侯林立，天下苦乱久矣，反而催生了大一统思想的发展。

《公羊传》曰："何言乎王正月？大一统也"，这是"大一统"三字的最早出处。大,意指尊崇;大一统,即尊崇一统。后来儒家几位宗师皆接续该理念,如孔子盛赞齐桓公和管仲"一匡天下",孟子力主"天下定于一",荀子追求"天下为一,诸侯为臣,通达之属,莫不振动从服以化顺之",都是在倡导一统天下的主张。最终,由崇尚法治的秦国完成了统一大业,秦始皇废分封、设郡县,书同文、车同轨,为两千多年的中央集权确立了新的政治制度基础。

汉武帝时,大儒董仲舒提出系统的"大一统"理论,既是对先秦以来有关学说的承袭,同时经他个人发挥,加上汉代之推崇,被后世奉为圭臬。自此,"大一统"纳入其构建王朝治理的实践后,对我国统一多民族国家的形成产生了非常重要的影响,可以说历朝无一不将之贯通于治道的因革损益与治术的进退消长之中。

在如此长时段的历史变迁中,大一统思想不断被赋予新的内涵。各民族经过反复的双向碰撞和互动,丰富着既往的以"大一统"为主要内容的天下观,形成"天下共主",促进了边疆地区和中原地区的凝聚。

多元一统,功不可没。值得关注的是,清朝特别重视对边疆特别是西北、西南地区的管辖与治理。清雍正帝坚持"所承之统,尧舜以来中外一家之统也;所用之人,大小文武中外一家之人也;所行之政,礼乐征伐中外一家之政也"。并且将该理念成功灵活地运用在处理边疆民族关系和多元文化当中。清人对西藏、蒙古和新疆等边疆少数民族及文化习俗,深入了解,诸如采取"金瓶掣签"、满蒙联姻、盟旗制度、内外札萨克、王公封爵、驻藏大臣、回疆伯克制、改土归流、避暑山庄外八庙、木兰行围等政策,因地制宜,因势利导,可谓成效卓著。

应该说,清朝的开疆拓土与治理,奠定了现在我们通常所讲的中华民族的主要民族构成成分和领土范围,可谓功不可没。

总之,这一系列具体做法的层层积淀,便深深地将许多宝贵的中华文明的文化基因镌刻于中华民族共同体意识之中,"大一统"思想只是众多理念之一。同时,这也是各民族文化习俗交流交融、汇聚一体的过程,成为根深干壮、枝繁叶茂的文化共同体。

三、中华民族共同体意识的文化内涵

中华民族共同体意识具备深远的历史基础、积极的现实观照和崇高的未来指向。文化是中华民族生生不息、发展壮大的重要滋养,具备深沉厚重、绵延不绝的伟力。

文化对铸牢中华民族共同体意识具有怎样的价值和意义?这就落实到我们的自信,尤其是文化自信。那么,"信"从何来?它孕育于绵延的历史之中,须在抚今追昔中走向未来。"中华上下五千年",我们的文明可谓悠久,虽然屡经内在嬗变、外来冲击,俱能凤凰涅槃、再造重生。在数千载岁月无声的潜移默化下,中华文明既坚守本根又与时俱进,培育了共同的文化信仰、恒久的国家信念与深厚的民族信心。

这份文化信仰、国家信念、民族信心就在历史长河的涌动中以独有的东方风度,融入到中华民族共同体中。

生死与共、命运与共。中华民族共同体意识具备深远的历史文化基础。正是在5000多年的各民族交往与融合当中,我们形成了亲仁善邻、协和万邦的处世之道,惠民利民、安民富民的价值导向,革故鼎新、与时俱进的精神气质,道法自然、天人合一的生存理念。在此之上,在漫长而剧烈的历史变迁大潮中,我们形塑了中华民族共同体意识。因此,铸牢中华民族共同体意识,就"必须坚持正确的中华民族历史观,增强对中华民族的认同感和自豪感"。

中华民族共同体意识有着积极的现实观照和崇高的未来指向。从世情审视,我国处于近代以来最好的发展时期,世界正经历百年未有之大变局,两者同步交织、相互激荡,势必面临着来自各方面的机遇与风险。因此,只有铸牢中华民族共同体意识,构建起维护国家统一和民族团结的坚固思想长城,才能不断实现各族人民对美好生活的向往,才能实现好、维护好、发展好各民族根本利益。

民族自强,文化为魂。文化是一个民族的魂魄,文化认同是民族团结的根脉,中华民族共同体意识即伟大民族精神中最内核且最深邃、最柔软又最稳固的精神纽带。

相较于古代埃及、两河与印度文明,中华文明一脉相承、未曾中断;数千年来,各民族间血脉相连、休戚与共,历代制度屡经更化、活力长存,文化类型多元,制度资源丰富。这些,都内化成为历史演进中的一股力量,或许可视作一种具有强大生命力的历史文化基因。

换句话说,中华民族的历史文化是支撑中国文明的必要架构、是理解中国社会的必由途径、是承载民族记忆的必然选择。作为重中之重的中华民族共同体意识,它既是来自历史的,也是立足当下的,更是面向未来的。各民族因它的存在而同呼吸、共命运、心连心,其意义不言而喻。将铸牢中华民族共同体意识作为新时代党的民族工作之"纲",关乎全局,关乎未来,可谓极端重要,正所谓"壹引其纲,万目皆张"。

"自强不息"是中华民族
永续前行的精神力量

在先秦时期重要典籍《左传》一书中,有这样一则后人熟知的记载。鲁昭公十八年夏季,郑国因大风引发火灾,当地的星占家裨灶建议统治者用玉器禳祭,以避免火灾再度发生。郑国执政大夫子产回答:"天道远,人道迩,非所及也,何以知之?"可见重视人间事,似乎不愿对玄妙缥缈的天道做过多深层揣测或存而不论,很早就成为中华文明的一大特质。

既然关注现世与当下,势必有一个最为迫切的困惑无时无刻不横亘在中国人心头:生与死。这一问题,上接宇宙论,更下连人生论,是宇宙、人生紧密关联接触着的枢纽所在。对它的思索与回应,不仅仅是解答其他一切问题之开始,亦将是其他一切问题之终极归宿。也正是于此问题苦苦冥思中,古代中国人与彼时的希腊、两河流域、印度等地一同步入了轴心时代。

众所周知,在春秋战国时代,传统中华文明实现了对自身文化的突破与超越。美国已故的思想家史华慈指出,此时代的一大特质,便是较之以往,部分知识精英已可以做到"退而瞻远"(standing back and looking beyond)。"退"指个体能从社会中退出来,即超越;"瞻远"就是人要寻找更高的精神价值,即考虑个体生命的终极意义。换言之,自此始,人类产生了独立于社会的意识,并要思考与探寻不朽的人生价值。惟其如此,方能观得宏阔,看得通透,思得深邃。

往往是面临灾难踵至、危机四伏的死生之际,易逼迫人思考关于宇宙、世界、人生等之间的终极价值,换言之,死生之际即天人之际,如何对此进行及时应对与深沉考量,便构成了孔子当年所称誉的"大哉问"。《周易》就此问题给出了铿锵有力的答案:"天行健,君子以自强不息;地势坤,君子以厚德载物",该精神历经数千年岁月沉淀,久久融汇于中华民族文明河床之中。

自2020年初以来骤然肆虐的新冠肺炎疫情,传播速度不可谓不快、感染范围不可谓不广、防控难度不可谓不大,对国人的生活影响与精神冲击不可谓不深,我们依靠什么精神,可以与世界人民一道携手战胜病毒,恢复正常的生产生活秩序?这堪称当代中国所面临的"大哉问"。

行动永远胜于言论,实践无声地说明了一切。在这场尚未硝烟散尽的抗疫战争中,中华民族所独有的"自强不息"的伟大精神又一次彰显了其无与伦比的价值。

唐代学者孔颖达在《周易正义》中指出:"天行健者,谓天体之行,昼夜不息,周而复始,无时亏退,故云天行健。此谓天之自然之象。"寒来暑往,四季更替,春华秋实,万物生长,自然界有其不以人的意志为转移的客观规律,无休无歇,不息不已。这势必要求人们面对自然,应遵循规律,顺道而行。一切"逆天"之举终会招致各种灾祸发生。引发这次疫情的病毒,包括此前的非典、高致病性禽流感等疫情的病毒,多数病原体来自野生动物或与之有关。生物安全问题已经成为全世界、全人类面临的重大生存和发展威胁之一。面对这种威胁,党和国家因时而动,及时施策,从保护人民健康、保障国家安全、维护国家长治久安的高度,把生物安全纳入国家安全体系,力促尽快推动出台生物安全法,加快构建国家生物安全法律法规体系、制度保障体系。这体现出中华民族一以贯之的天人合一的生存态度。

天运行刚健,人亦当如此,故"言君子之人,用此卦象,自强勉力,不有止息"。我们的智者先贤早在两千多年前就给自然不息强健的现象赋予人文意义,《中庸》有言:"至诚无息。不息则久,久则征,征则悠远,悠远则博厚,博厚则高明。博厚,所以载物也;高明,所以覆物也;悠久,所以成物也。博厚配地,高明配天,悠久无疆。"无论处于顺境还是逆境,中华民族这棵大树只有同循环不已的自然界那样奋斗不息,才得以开枝散叶、绵延不绝。面对突如其来的新冠肺炎疫情,以习近平同志为核心的党中央,秉持对中华民族的至诚之心,始终把人民生命安全和身体健康摆在第一位,带领各党政军群机关和企事业单位紧急行动、全力奋战,广大医务人员无私奉献、英勇奋战,广大人民群众众志成城、团结奋战,打响了疫情防控的人民战争,其速度之快、规模之大,世所罕见,这体现了中国的制度优势,背后厚重牢固的精神支撑,就是中华民族伟大的自强不息传统。

自强者,必无私;刚健者,有厚德。细数三个多月的抗疫历程,涌现出无数位值得我们深深钦佩且为之骄傲的"逆行者"与"守护神"。84岁的钟南山院士第一时间驰援武汉前线;7000多名工人日夜不休,仅用十天便让雷神山、火神山两座医院拔地而起;全国各地医护人员离家舍亲、迎难而上奔赴湖北参与救治;千千万万的基层党组织、社区居委会及居民昼夜排查,耐心宣传,保障了各地人民的生命安全。毫无疑问,他们有的是知名专家,更多的人就是生活在我们身边的普通人。然而,在这场抗疫战争中,每个参与其中的人都是英雄,都是我们中华民族自强不息精神的化身。

在国内疫情防控形势持续向好,生产生活秩序加快恢复的同时,习近平总书记在二十国集团领导人特别峰会上呼吁"国际社会最需要的是坚定信心、齐心协力、团结应对,全面加强国际合作,凝聚起战胜疫情强大合力,携手赢得这场人类同重大传染性疾病的斗争"。这便是大国之风,亦是大国之德,正所谓"自强不息,犹云至公无私"。

习近平总书记曾指出:"自强不息、厚德载物的思想,支撑着中华民族生生不息、薪火相传,今天依然是我们推进改革开放和社会主义现代化建设的强大精神力量。"这种精神传统在此次"战疫"中无疑又一次得到了充分展现,相信它一定会始终会激励着中华民族在未来的奋斗历程中永续前行!

世界需要爱，一起向未来

在世界变局日趋复杂、全球疫情依然肆虐之际，北京第二十四届冬季奥林匹克运动会如期而至。东方大国的一诺千金，"双奥之城"的赤诚邀约，为喜庆祥和的虎年春节平添了一份全球相聚的意味，让世界人民一同进入了激动人心的"中国冬奥时间"。

于特殊历史时刻举办的北京冬奥会，不光是一届无与伦比的体育盛会，更是一种奥运精神的融会、一场文明互鉴的聚会，也是一次倡导全人类共同价值的绝佳机会。正如北京冬奥会口号"一起向未来"所揭示的那般，为期 17 天的活动虽已完美落幕，但本届冬奥会所提出的诸多时代命题与创造的丰富精神遗产，尚须我们在日后悉心总结与努力践行。

"一起向未来"，这是冰雪运动的广泛传播。"让更多人参与到冰雪运动中来，是奥林匹克运动的题中之义。"习近平总书记在冬奥会欢迎宴会上的致辞中，已为该届盛事定下基调。首先，保证全体兼顾。本次奥运会有 91 个国家和地区的近 3000 名运动员同场竞技，不少国家首次派出运动员参赛。包括来自五大洲 30 多位国家元首、政府首脑、议长、重要王室成员和国际组织负责人在内，近 70 个国家、地区和国际组织约 170 位官方代表出席了开幕式。中国代表团也实现首次"全项目参赛",体现了高度的广泛性。其次,实现全民参与。长期以来,中国属于冰雪大国,但并非冰雪强国,广大老百姓对该运动的热情与关注参差有别。自2015年成功申办冬奥会以来,我国居民参与冰雪运动的人数已达3.46亿,冰雪运动参与率为24.56%,冰雪运动进入了大众的家庭,融进了百姓的生活,成为日常的方式,"实现了带动3亿人参与冰雪运动的目标",这不啻是中国举办冬奥会的一大成就。再次,注重全程创新。承办冬奥会是一项系统工程,雄厚的物质基础与高超的科技实力无疑举足轻重。我们不仅如期建成了服务于各项比赛项目的高质量、高科技含量的场馆,而且进行了多项创新,比如建成全球第一条360度回旋赛道,将"水立方"改造为世界上首座"水冰转换"的奥运场馆,建成世界上第一例永久性保留的首钢滑雪大跳台,这是竞赛场馆与工业遗产再利用的完美结合。放眼未来,如何更良性地保护与利用这些宝贵的物质文化遗产和科技创新成果,是一项非常值得探讨的重要课题。

"一起向未来",这是奥运精神的高度传颂。"更快、更高、更强,更团结"。精神力量的形成,源于实践,其传布与赞颂,则依托行动。纵观冬奥全程,各国健儿们以卓越的拼搏与表现生动诠释了何谓更快,何谓更高,何谓更强,场上是对手,场下是朋友,彼此惺惺相惜,互相点赞、欢呼乃至拥抱的举动,再次印证了体育无国界、友谊诚可贵的真理。与此同时,冬奥会期间,数十场外事活动密集举行,中方和相关国家签署和发表数十份双边文件,北京"冬奥时间"亦是中国外交"高光时刻"。习近平总书记在会见奥委会主席巴赫时倡议"世界各国与其在190多条小船上,不如同在一条大船上,共同拥有更美好未来"。小船与大船之喻,不单是形象的奥运精神之喻,还是现实的时势世局之喻,更是深沉的人类命运之喻。面向未来,与其孤零零乘一国小船风雨飘摇、岌岌可危,实不如聚众力造众国之"诺亚方舟"一道长风破浪、勇往直前。这需要各国摒弃狭隘的偏见与私利,坚守和平、发展、公平、正义、民主、自由的全人类共同价值,遵循超越国界、族群、意识形态等藩篱羁绊的大爱,携手建设和谐合作的国际大家庭。大爱似顺流,能载舟;仇恨如恶浪,能覆舟,此即奥林匹克运动之初心与真谛所在。

"一起向未来",这是文明互鉴的更新传递。"文明因多样而交流,因交流而互鉴,因互鉴而发展。"人是文明交流互鉴最好的载体,体育是文明交流互鉴极佳的方式。从开幕式上的"雪花火炬""二十四节气"到闭幕式的"折柳寄情""红蓝交织",妙到毫巅地彰显了中华文明所固有的"以和为贵,和而不同"的处世之道、"一叶知秋,见微知著"的美学准则、"五湖四海,天下一家"的家国情怀、"热诚好客,依依惜别"的东方浪漫。冬奥会闭幕式结束后,张艺谋导演坦言:"我认为这次冬奥会开闭幕式跟 2008 年最大的不同,就是文化自信,我们放下了包袱,完全放松自己才可以浪漫。"倘若说 14 年前的北京奥运会是一次中国文化自觉的深刻表达,那么 2022 年冬奥会是一种中国文化自信的全面展示。这种自信来之不易,它绝不是故步自封的文化自恋,也并非求人观赏的文化自怜,更不是虚张声势的文化自负,这是源自千年积淀、历经百年奋斗、终在新时代铸就的有底气的自信,有志气的自醒,有骨气的自强。正是胸怀这份厚重的自信,中国才能在诸多国际平台上推动中外文明交流互鉴,为人类文明进步作出更多积极贡献。

未来已步步到来,不确定仍不确定。在这样一个国际形势风云激荡,新冠疫情阴霾不散的大时代,北京冬奥会的精彩答卷,犹如给彷徨不决的世界提供了一份中国方案,贡献了一种中国智慧。当然,冲破危机的迷障,没有中国是不行的,但光有中国是不够的。这个世界,始终需要爱,让我们携手并肩,一起向未来!

诚信，人类文明的共识

"诚者，天之道也；思诚者，人之道也"，该句出自《孟子·离娄章句上》。2020年7月21日，习近平总书记在企业家座谈会上的讲话里引用了这句经典论断。孟子于此处意在强调作为引导人之良心本心的"诚"，贯穿于自然与人间，几成规律。尤为值得注意的是，同为思孟学派重要经典之一的《中庸》，亦有类似一句"诚者，天之道也。诚之者，人之道也"。并且此书第21—33章，紧扣"诚"之丰富内涵，以很大篇幅详论立诚明之说，推明天人之道，从而阐发首章致中和之意蕴，可谓钩沉发隐，殆无余义。无怪乎南宋朱熹赞其"枝枝相对，叶叶相当"，"所谓诚者，实此篇之枢纽也"。一个"诚"字，在儒学史特别是北宋以来学说发展中意义非凡。

辨章学术，考镜源流，上溯"诚"之概念演变，究其原义，《说文解字》中以"诚""信"二字互训，即"诚，信也"，"信，诚也"，指真心实意，既不自欺，亦不欺人。饶有况味的是，如此关键的命题，在《论语》里面仅出现两次，一次是孔子引用《诗经》"诚不以富，亦祇以异"，一次是其转述"善人为邦百年，亦可以胜残去杀矣"后不禁慨叹"诚哉是言也！"可见在孔子那里，"诚"大意为真实、真正，含义较虚。百余年后，经孟子发挥，"诚"获得重大进展。综观《孟子》全书，

"诚"字出现 22 次,基本含义是诚心、真意,与性善论相关联时,特指反求良心本心,听命于良心本心之际应有的心理状态。

不妨将"诚者,天之道也;思诚者,人之道也"一句置于当时孟子言说的具体语境中来把握。在该句之前,孟子讲道:"居下位而不获于上,民不可得而治也。获于上有道,不信于友,弗获于上矣。信于友有道,事亲弗悦,弗信于友矣。悦亲有道,反身不诚,不悦于亲矣。诚身有道,不明乎善,不诚其身矣。"循着孟子的思路,一个人能否成就道德,主要视其是否真实诚心,这叫作"诚"身。毕竟道德的依据在于内心,如能对己之内心真诚不二,一切随心而动而定,不打丝毫折扣,不生半点杂念,于反身体认中发觉世间所倡导所公认的诸多良善和德性标准,皆恰如吾心之所欲,又恰为吾心所固有。如此,个体便感到内外如一,外界一切良善和德性,符合我的心境,真实不虚,即"反身而诚"。经历此番过程的人,自然对得住亲人、朋友、上级、百姓,堪称无愧于心。职是之故,孟子着意强调"诚"身的前提是发明广大自己的内心善端,此之谓"明善"。言至此处,孟子实际已将"诚"之于个体的重要性阐释得极为透彻。然其意犹未尽,提出了"诚者,天之道也;思诚者,人之道也",进一步把诚喻为天道,赋予其形上意义,并强调与这个"天之道"相对的"人之道"乃"思诚"。所谓"思诚",就是要求人通过反思而做到诚心。在自反的意义上运用"诚"字,并力求以"诚"于天、人交界处有意识地安放一接榫,从而达致由天过渡到人的合一状态,这是孟子对孔子仁学的一大创新,彰显出其学说的恢弘气象,亦是其性善说的核心概念。假如说"心"是孟子整座思想大厦的基柱,那么"诚"便是维护基柱矗立的牢固砖石。

那么为何在晚出的《中庸》里又再次强调与阐明"诚者,天之道也。诚之者,人之道也"?返观彼时思想界,孟子意在沟通天人关系的"诚"，尚面对多方的挑战，这恰是留给《中庸》解决的时代问题。众所周知，老子提出了"天人合一"的重大命题，孔子虽胸怀沟通天人的深沉使命，但始终引而不发，孟子以"诚"揭橥天道与人道之关系，惜落脚点偏重人的一边。后继学人就此多有探讨，如庄周"游乎天地之一气"的主张用力过猛，径直将人拉回自然界，弱化了人文色彩，荀子则倡言"知有天而不知有人"，把天与人斩截得明明白白，无疑滑入了另一极端。面对二元对立的学说分歧，《中庸》讲"诚"，实是正逢其时，不得不发。简言之，《中庸》一面紧扣人性谈自然，"唯天下至诚，为能尽其性；能尽其性，则能尽人之性；能尽人之性，则能尽物之性"，从而推演出人道即天道，人生界即宇宙界；另一面申明天道不息之健也是人性之德，既然是德，则须报以"至诚"。惟其"至诚"，才能"自强不息"，方可"博厚配地，高明配天，悠久无疆"，一种立足德性的宇宙观喷薄而出，后经宋儒之发挥与建构，遂成为古人探究天人关系、追求由内圣开出外王之境的密钥所在。钱穆先生认为在剖析天人合一问题上，《中庸》以"诚"为津筏，"一转手间，却有绝大思致、绝大聪明。那是思想界的一大翻腾"，洵非过誉。

习近平总书记在座谈会上征引孟子论断，殷切希望企业家要做诚信守法的表率，带动全社会道德素质和文明程度提升。仔细体味，孟子所讲之"诚"对当代中国社会依然极其重要。人无信不立，业无信不兴，国无信则衰。讲求诚信，首先当存心养性。孟子曾讲"存其心，养其性，所以事天也"，人天生就有诚善之性，但其生来柔弱，特别在一个速朽世俗的时代，容易被外物所熏染变质，故专心致志地反身以诚，不断耕耘浇灌心中这片净土，方可让诚善之树苗壮成长。其次须立乎其大。道德基础筑牢，则需要更高的理想信念去引领，"先立乎其大者，则其小者不能夺也"，这也是党中央再三强调党员干部不忘初心、牢固树立共产主义信仰的深刻用意所在。人只有忠诚于信仰，才能让良善充盈整个生命，无论面对危难或者诱惑，都能以信仰之大体战胜私欲之小体。再次应无愧于心。晚清大儒曾国藩对于践行诚信，有其独特的见解，"凡人以伪来，我以诚往，久之则伪者亦共趋于诚矣"。别人对我虚伪，我始终保持诚信，久而久之，奸诈之辈相形见绌，逐渐被你感染。此说法看似迂阔疏远，实则大智若愚。人生不过百年，不少人胸怀宏愿欲成就一番事业。然而直道而行者，却常常遭遇一些精致利己之徒在竞争中"弯道超车"，如此现状，不仅诱使人们基于利益考量而背离诚信，长此以往，便是整体社会流行解构崇高、走向虚无，甚至引发价值信念的失落。因而这更需要从传统诚信思想中汲取资源，以启示今人。

于此疫情肆虐、世界政经格局正发生显著变化的年代，如何更好地凝聚国人的价值共识，与世界各国形成文明共识，齐心协力共克时艰，这或是今后一段时间内我们需要悉心探讨的大问题。值此之际，重提"诚"字的丰赡意义，便顺理成章了。

慎独，党员干部政德之基

　　"莫见乎隐，莫显乎微，故君子慎其独也"（后世约定俗成，简称为"莫见莫显"），出自儒家著名经典《中庸》，相传为战国时孔子之孙子思所作。《中庸》原是《礼记》中的篇章，南宋朱熹将其单独列出，与《大学》《论语》《孟子》并称"四书"。

　　"莫见莫显"一句位于《中庸》首章，其前一句是"是故君子戒慎乎其所不睹，恐惧乎其所不闻"，后一句为"喜怒哀乐之未发谓之中，发而皆中节谓之和"。三句话合而观之，大意指古代士大夫心中理想角色的君子，须时刻警惕别人未听闻、难觉察之处。没有比隐暗处更易表现者，没有比细微事更易显露者，所以君子极其讲求慎独，无时不战战兢兢，叩问良心，方有可能接近"致中和"之化境。2018 年 1 月 5 日，习近平总书记在新进中央委员会的委员、候补委员和省部级主要领导干部学习贯彻习近平新时代中国特色社会主义思想和党的十九大精神研讨班上的讲话中，特意引用此句，强调党员干部必须自觉加强作风建设。

　　经典之魅力，莫过于众家传诵，屡经塑造；名句之精意，或在于常读常新，反复诠释，"莫见莫显"便是如此。东汉郑玄认为"慎独者，慎其闲居之所为"，对平日行为处事是否心存敬慎与克制，即不肆其情，不恣其意，常以用中，恒以守和，是君子与小人的区别所在。与郑玄专注于文意疏解不同，南宋朱熹则执意于《中庸》思想内涵的融会与阐释，既然细微之事"迹虽未形而几则已动，人虽不知而己独知之"，故而"君子既常戒惧，而于此尤加谨焉，所以遏人欲于将萌，而不使其滋长于隐微之中，以至离道之远也"。可知在朱熹看来，慎独与否已并非仅个人之事，实与士大夫闻道载道密切相关。降至明中期，王阳明指出"无事时固是独知，有事时亦是独知。人若不知于此独知之地用力，只在人所共知处用功，便是作伪"，有道是"古人许多诚身的工夫，精神命脉全体只在此处。真是莫见莫显，无时无处，无终无始"。要之，作为儒者立身之本的慎独工夫，并不假外求，而应是往复追问内心，因为人心才是真正隐暗幽微之处。

综上所述，历千年流播，由万家注解，"莫见莫显"一句之意涵如古井深泉，愈是挖掘品味，愈觉清澈甘冽。概言之，慎独慎微既要求人当非常注重在隐微之地之所之时之言行思虑，又必须无时无地无差别地提升谨慎诚敬之心境。如此，无论是风起于青苹之末抑或泰山崩于前，君子皆谨小慎微，潜修精研，道德操守不越位逾矩；还是居于齐家治国乃至平天下的不同局势中，君子俱诚敬不息，从容应对，筹谋决策不掺杂私念。

进入新时代，对于担负实现中华民族伟大复兴使命与面对世界百年未有之大变局的广大党员干部而言，"莫见莫显"仍有其独特而深远的价值。第一，过硬之作风，须以慎独养成。"正心以为本，修身以为基"，党员干部如果廉洁自律不过关，做人就没了底气与骨气，贪欲私念便在内心潜滋暗长，终致不可挽回。所以，为人清廉显然不能全靠外部约束，更需要自觉自律。不妨借鉴古圣贤之修养工夫，每日案牍劳形之余，拿出一定时间与精力反躬自省，检讨得失，常掸心灵灰尘，常清思想垃圾，常掏灵魂旮旯，融法律的戒尺、纪律的戒尺、制度的戒尺、规矩的戒尺、道德的戒尺于己之心中，久而久之便成为习惯，化为境界，受益终身。第二，优良之家风，须凭慎独涵育。"身修而后家齐"，"国之本在家"，家庭不只是人们身体的住处，更是人们心灵的归宿。家风好，就能家道兴盛、和顺美满；家风差，难免殃及子孙、贻害社会。家风不是个人小事、家庭私事，对于党员干部而言，势必要做到持家谨慎，家教严格，防止"枕边风"，避免"全家腐"。晚清名臣曾国藩，后半生虽戎马倥偬，仍不忘随时写家书教诲兄弟子女谨慎持守。如他告诫九弟曾国荃须从"畏慎二字之中养出一种刚气来"，教导子弟"慎独则心安"，"能慎独，则内省不疚，可以对天地质鬼神。人无一内愧之事，则天君泰然，此心常快足宽平，是人生第一自强之道"。可见慎独不只是养家之德，亦是运家之道，更是兴家之智，党员干部如能在平时生活中就慎独问题常向亲属子女言传身教，并促使其外化于行，无疑为亲人积累了一份终身受益的精神财富，家风建设自然富有成效。第三，清正之政风，须用慎独塑造。"政者，正也。子率以正，孰敢不正？"作风问题本质上是党性问题。领导干部的工作和生活作风直接关系党内风气和政治生态，关系民心向背，决定着党的群众基础。北宋史学家司马光总结其一生为官之道，曰："吾无过人者，但平生之所为，未尝不可对人言耳"。也就是说，党员干部首先要以身作则，做到内外一致，言行如一，才能以上率下，感染他人，克服形式主义、官僚主义，祛除享乐主义、奢靡之风，形成风清气正的政治生态。

　　作风硬，家风严，政风清，终换来世风良。"风成于上，俗形于下"，领导干部的生活作风和工作作风，不仅关系着本人的品行和形象，更关系到党在群众中的威信和形象，对社会风气的形成、对大众生活情趣的培养,具有"上行下效"的示范功能。慎独精神在其中发挥着不可替代且潜移默化的作用。因此,广大党员干部只有先保证"心底无私天地宽",方可保障伟大事业"直挂云帆济沧海"!

创新,科技自立自强的驱动力

2018 年 5 月 28 日,习近平总书记在中国科学院第十九次院士大会、中国工程院第十四次院士大会上的讲话中,引用了《墨经·经上》中的名句"力,形之所以奋也",用来强调和凸显科技创新对于实现建成社会主义现代化强国伟大目标的重要性。

《墨经》亦称《墨辩》,包括《经上》《经下》《经说上》《经说下》《大取》《小取》六篇文章,属于以墨子为首的墨家学派在战国后期的作品。众所周知,墨子是先秦时期著名的思想家与社会活动家,名翟,春秋鲁国人。因出身下层,深知民间疾苦。墨子将救世济民作为毕生志业,"枯槁不舍,舍己济人","摩顶放踵,利天下为之",通过讲学与游说,南下止楚攻宋,北上止齐攻鲁,西赴鲁卫之地与儒者论战,于繁重实践中、于激烈辩难里,形成了兼爱、非攻、尚贤、尚同、节用、节葬、天志、明鬼、非乐及非命十大主张。一时间其"盛誉流于北方,义声振于楚越",被尊为"北方圣贤人",无怪乎韩非子概括道:"世之显学,儒、墨也。儒之所至,孔丘也。墨之所至,墨翟也。"与孔子及儒家并重,可见其人地位之高,其派流被之广,其说影响之大。

作为先秦一大学派,墨家有两个做法,与诸家极为不同且颇具现代价值。一是高度重视对科学理论的提炼与科学技术的探索。《墨经》之所以在《墨子》一书中居于十分重要的位置，其特色即在于篇章内容多讨论认识论、逻辑学、自然科学等领域的问题，涉及力学、光学、几何学、工程技术、物理学、数学等诸多学科议题，并提出了朴素的时空观念。就如"力，形之所以奋也"这一论断，实际上是探讨力学问题。"力"是力学中最关键的概念，后期墨家用"形之所以奋也"来解释力的形成原理。"形"指有形的物体，"奋"在古代汉语里既有运动的含义，又有改变运动速度的含义。所以整句话的意思，是讲"力"乃促使物体由静而动、动而愈速的原因。在那个时代墨家揭示出物体由静到动的奥秘源自于"力"，该论断应当说与西方科技革命前的认识大体相同。不过墨家同时还能把物体运动速度的改变也归因于"力"，实际已触及物质发展趋势的层面，这就胜过彼时西方一筹了。

墨家的另一独特做法是善于分科施教，注重科学与教育的结合。墨子曾言："士虽有学，而行为本焉"，故而学必须致用，否则意义甚微。由之墨子推行因材分科施教，"能谈辩者谈辩，能说书者说书，能从事者从事"，个人才性如水，施教宜顺流而下，让学生们根据禀赋与兴趣各自专精一科，且侧重自然科学、逻辑学、军事器械制造等领域技艺的培养，从而为各国提供了许多专门人才，满足了社会不同层次和门类的需求。该种重视科技、德智并举的方式恰恰与现代职业教育的原则很是吻合，从某种意义上讲，墨子可视为中国职业教育的鼻祖。

令人遗憾的是，秦汉之后随着以儒家为主的人文主义教育占据主流，两千年中墨学隐而不彰，少人问津。不过任何学说的恒久性，常常在于其精神内核可以因世情国势之变，焕发出历久弥新的现实价值。用墨子的话来形容，即"古之善者则述之，今之善者则作之"，从而实现创造性转化、创新性发展。进入近代,于古今中西交锋融汇的大变局中,墨学尤其是科学精神被学界重新发现。逻辑是科学的基础,胡适称赞"墨家的名学方法,不但可以为论辩之用,实有科学精神,可算得'科学的方法'"。科学精神又是国家富强之基石,郭沫若读过《墨经》后,"隐隐引以为夸耀,觉得声光电化之学在我们中国古人也是有过的了"。

见出知入,观往知来。进入 21 世纪以来,全球科技创新进入空前密集活跃的时期,新一轮科技革命和产业变革正在重构全球创新版图、重塑全球经济结构。显而易见,在人类历史上,科学技术从来没有像今天这样深刻影响着国家前途命运,从来没有像今天这样深刻影响着人民生活福祉。党的十八大以来,我们总结我国科技事业发展实践,观察大势,谋划全局,深化改革,全面发力,重大创新成果竞相涌现,一些前沿方向开始进入并行、领跑阶段,科技实力正处于从量的积累向质的飞跃、点的突破向系统能力提升的重要时期。

与此同时,我们也要清醒地认识到,我国科技在视野格局、创新能力、资源配置、体制政策等方面存在诸多不适应的地方。特别是关键核心技术受制于人的局面没有得到根本性改变。

未来已来,唯变不变。我们迎来了世界新一轮科技革命和产业变革同我国转变发展方式的历史性交汇期,既面临着千载难逢的历史机遇,又面临着差距拉大的严峻挑战。毕竟有的历史性交汇期可能产生同频共振,有的历史性交汇期也可能擦肩而过。因此不要大意,不可迟疑,不能错过,不容有失。

形势逼人,使命逼人。我们必须充分认识创新是第一动力,提供高质量科技供给,着力支撑现代化经济体系建设;矢志不移自主创新,坚定创新信心,着力增强自主创新能力;全面深化科技体制改革,提升创新体系效能,着力激发创新活力;深度参与全球科技治理,贡献中国智慧;牢固确立人才引领发展的战略地位,全面聚集人才,着力夯实创新发展人才基础。

党的二十大提出,实施科教兴国战略,强化现代化建设人才支撑。航向已明,征途已行。我们唯有大力发展科学技术,推动科技创新体系发展,加快实现科技自立自强,努力早日成为世界主要科学中心和创新高地,为国家强盛、民族复兴提供源源不断、优质高速的科技实力和创新能力。

勇于任事，知行合一

"见之不若知之，知之不若行之"，这是习近平总书记在 2015 年亚太经合组织第二十三次领导人非正式会议第一阶段会议上的讲话中所引用的一句古语。该句出自《荀子·儒效》，结合前后语境，较为完整的表述是："不闻不若闻之，闻之不若见之，见之不若知之，知之不若行之。学至于行之而止矣。"

荀子名况字卿，又称孙卿，赵国人，其处齐三十余载，三度执掌稷下学宫"祭酒"显位，兼收并蓄，博洽周流，积薪而上，独成一家，实为战国末期儒家乃至先秦诸子之集大成者，无怪乎冯友兰先生誉之"孟子以后，儒者无杰出之士。至荀卿而儒家壁垒始又一新"。与先师孔子境遇类似，他虽胸怀王道，却屡屡碰壁，无论赴齐、入秦，还是适楚、归赵，其抱负皆不得施展。于是荀况晚年退居兰陵（今山东枣庄东南），著书立论，为后世留下《荀子》三十二篇。正因学说成于后，具有博采众家的优势，其书涵括政治、经济、社会、人伦、生态诸多领域的主张，并专列《非十二子》一章对先秦诸子思想进行批判性总结，可谓彼时少有的关乎治国理政的系统性著作，堪与《管子》《吕氏春秋》《淮南子》等量齐观。

习近平总书记所引文字，来自《荀子》的第八篇《儒效》，属于该书的核心篇章。"儒效",顾名思义,即指儒家之道的效用,这是古代中国君臣贤哲反复讨论的议题。荀子在该文中,即竭力论证作为儒者在治国理政中的关键作用。当论及儒者所应具备的素养时,荀子明确指出,对于求知闻道而言,没有听到不如听得到,听得到不如看得到,看得到又不如心中理解,而心中理解仍不如亲身实践。唯其达到了亲身实践,学问才算是达致知行合一的化境。

专就此句本意而言,荀子主张学习本身并非目的,学习的目标在于实践。古今所有贤达,能够做到明辨是非,言行一致,为人处世无所差错,就在于他们勇于实践,且善于将所闻所见所知所思付诸实践。因此,知而不见,知识即使渊博也难免多有谬误;见而不知,知道虽多亦不免由于理解不足而频生错讹;知而不行,理解了却迟迟不去践行,知识就算敦厚丰富但终究不能解决实际问题。一言以蔽之,一旦与亲知实行相脱离,儒者的见解虽偶有所得,然究其实质也终非真知真得,并不具备普遍意义,用这种经验去处理问题,一百次尝试恐怕一百次遭遇失败。可见在知行关系问题上,荀子强调学以致用、注重践履,甚至认为行高于知,知识要通过实践检验,此看法在先秦时期颇具特色,对后代唯物主义知识论的发展有重要影响。

虽世易时移,不过荀子关于知行关系的观点,依然颇值后世借鉴。对于从事地方治理或部门管理的广大党员干部而言,就是要勇于任事,知行合一。例如干部不作为现象在党的十八大后受到社会关注,成为一个亟待解决的重大问题。部分党员干部存在着思想上求"稳"、观念上求"守"、心理上求"躲"现象,以及"不求有成绩,但求无过失"的懒政怠政心态,于是在日常工作中就往往体现出不思进取、不想担当、心存疑虑、畏首畏尾、能力不足、办法不多等情形。与之相反,还有部分党员干部在错误的政绩观驱使下,盲目攀比,好大喜功，哗众取宠，一味迎合，"惯于拍脑袋决策、拍胸脯蛮干，然后拍屁股走人，留下一屁股烂账，最后官照当照升，不负任何责任"，从而因其乱作为而浪费了大量人力、物力、财力。无论是不作为，还是乱作为，虽然成因复杂，形式多样，但究其思想根源上的病因，都是干部自身没有处理好知与行的关系问题。正基于此，党员干部必须坚定理想信念，增强政治担当，秉承以人为本、实事求是、统筹兼顾、行胜于言的正确观念，方可既避免"坐等出事"的不作为，又克服"过犹不及"的乱作为，成为新时代新担当新作为的好干部。

与此同时，在处理当今国际关系上，"见之不若知之，知之不若行之"亦有其可取之处。当今世界，人类正处在大发展大变革大调整时期。世界多极化、经济全球化深入发展，社会信息化、文化多样化持续推进，新一轮科技革命和产业革命正在孕育成长。然而人类也正面临着一个挑战层出不穷、风险日益增多的时代。和平赤字、发展赤字、安全赤字、治理赤字，是摆在全人类面前的严峻挑战。面对动荡不定的大世界，面对百年不遇的大变局，没有哪个国家能够独自应对人类面临的各种挑战，也没有哪个国家能够退回到自我封闭的孤岛。因此各国必须相互联系、相互依存，全球命运与共、休戚相关。只有坚持和平发展、携手合作，才能真正实现共赢、多赢。正是着眼人类发展和世界前途的诸多问题，中国提出了构建人类命运共同体的主张，受到国际社会的高度评价和热烈响应。蓝图已绘，共识已成，接下来的就需要世界各国同舟共济，相互扶助。正如习近平总书记在这次会议讲话中所倡导的，"我们要采取行动，把共识转化为成果"，"北京会议通过的互联互通蓝图，对解决亚太发展瓶颈性问题具有十分重要的意义，要继续大力推进"。在共同发展中检验方案，践行理念，从而继续完善蓝图，凝聚更多共识。

　　《论语》有云："己欲立而立人，己欲达而达人"，这是中国作为一个大国应有的格局、气象与风范，也是"见之不若知之，知之不若行之"这一传统理念在当代世界的鲜明彰显！

如何做"经师"和"人师"的统一者？

2022年4月25日，习近平总书记在中国人民大学考察时特别指出："培养社会主义建设者和接班人，迫切需要我们的教师既精通专业知识、做好'经师'，又涵养德行、成为'人师'，努力做精于'传道授业解惑'的'经师'和'人师'的统一者。"这一论断，既是党中央对我国教师队伍的殷切期望，也可视作对每位执教鞭者的最新要求，同时承继了古已有之的传统话题、直面了现代中国的教育议题、提出了未来教师的崇高命题。

"经师"与"人师"，本属古代教育的重要话题。晋人袁宏在其所撰《后汉纪》中有云："盖闻经师易遇，人师难遭。"可知"经师"与"人师"本有区别，且境界迥异。所谓"经师"，原指两汉时期讲授经书的学官，按其规制，"立官稷及学官，郡国曰学，县、道、邑、侯国曰校，校、学置经师一人；乡曰庠，聚曰序，序、庠置《孝经》师一人"。后"经师"逐渐泛指传授经书的名家或师长，略等同于职业称谓。"人师"则更为重要。《荀子》中曰："故近者歌讴而乐之，远者竭蹶而趋之，四海之内若一家，通达之属莫不从服。夫是之谓人师。"可知"人师"必须德高望重，如泰山北斗般让人仰望追慕。无怪乎郭沫若先生指出："经师是供给材料的技术家，人师是指导精神的领港者"。

　　著名教育家徐特立先生认为，"教师是有两种人格的，一种是'经师'，一种是'人师'"，"我们的教学是要采取人师和经师二者合一的，每个教科学知识的人，他就是一个模范人物，同时也是一个有学问的人"。此观点在某种意义上是对传统教育的概括与弘扬。虽然"人师"与"经师"侧重不同，但绝非截然二分，《论语》里曾保留了孔子的为师观点，"子以四教：文，行，忠，信"，大致涵括了文献典籍、德行修养、处事尽心、做人诚信等四方面教育内容，实际上可粗分为科学文化知识教育和思想道德素质教育两大块。申言之，这里的"文"，主要是指文化知识，我们耳熟能详的诸如"温故而知新，可以为师矣""仰之弥高，钻之弥坚。瞻之在前，忽焉在后。夫子循循然善诱人，博我以文，约我以礼，欲罢不能"等名句皆与此有关。"行"指的是躬行实践的能力，故孔子多教诲弟子"君子欲讷于言而敏于行"，"博学之，审问之，慎思之，明辨之，笃行之"，便是强调在实践中验证、行必有得的道理。"忠"与"信"则显然属于道德范畴，于此领域，孔子一方面注重道德修养之外显，即"弟子入则孝，出则弟，谨而信，泛爱众，而亲仁，行有余力，则以学文"，通过个体的外在行为判断其德行高下；另一方面他又强调道德观念之内化，如"君子不重则不威，学则不固。主忠信，无友不如己者，过，则勿惮改"。二者合而观之，不难发现以儒家为代表的传统教育思想尤为主张将道德认知转化为修养行为习惯，从而实现由他律到自律的教化过程，最终形塑为学生内心稳固的价值观念，并外化在求知问学方面。要之，古人一贯主张"经师"与"人师"合二为一。

　　有道是时移世易，现代中国催生了亦旧且新的教育议题。传统语境下中兼具"经师"与"人师"二重身份的士大夫阶层，所谓"知识分子之志道、明道、行道、传道者之称"，已伴随着近代以来的知识转型与学科重建而成为历史名词,不复存在。正如哲学家冯友兰先生所言,中国社会由"生产家庭化"走向"生产社会化",国家的教育制度逐渐走出以"家庭"为本位的藩篱,形成以"教育机关和学校"为本位的、教育者之间细密分工的、合力培养大量社会所需要的人才的制度,可喻为"教育制度工厂化"。在此制度下,打破了"家"的局限,使受教育者走出家庭,步入学校,得以遇见许多老师,使师生关系不再单一而趋向多样化,但势必导致彼此关系难以像传统那样深切而亲密,甚至"师徒如路人"。更为常见的现象,作为教书育人的老师,逐渐在职业化和专业化的背景下,成为单纯传授知识的"经师",不免出现"成风化人"效果淡化的倾向,甚至出现近些年来有损师德、败坏学风的事件屡屡发生。爱因斯坦曾说:"用专业知识教育人是不够的。通过专业教育,他可以成为一种有用的机器,但是不能成为一个和谐发展的人。要使学生对价值有所理解并且产生热烈的感情,那是最基本的。他必须对美和道德上的善有鲜明的辨别力。否则,他连同他的专业知识就更像一只受过很好训练的狗,而不像一个和谐发展的人。"对于每位身处新时代的人民教师而言,想把学生培养成什么样的人,自己首先就应该成为什么样的人,如何回应这个议题,愈发显得必要而迫切。

立足新时代新征程,锚定培养众多堪当民族复兴重任的时代新人之伟大目标,习近平总书记在中国人民大学的讲话无疑赋予了"经师"与"人师"这一议题崭新的时代内涵,提出了面向未来的崇高命题。徐特立先生曾认为青年"性如素丝,染苍则苍,染黄则黄",广大教师承载着培育"复兴栋梁、强国先锋"的时代重任,依据习近平总书记的讲话要求,当力求胜任如下三重身份。

首先要善做"信仰导师"。广大教师要从政治上着眼、从思想上入手、从青年特点出发,帮助他们早立志、立大志,从内心深处厚植对党的信赖、对中国特色社会主义的信心、对马克思主义的信仰。要立足党的事业后继有人这一根本大计,牢牢把握培养社会主义建设者和接班人这个根本任务,引导广大青年在思想洗礼、在实践锻造中不断增强做中国人的志气、骨气、底气,让革命薪火代代相传。要善于引导广大青年勇做新时代的弄潮儿,自觉听从党和人民召唤,胸怀"国之大者",担当使命任务,到新时代新天地中去施展抱负、建功立业,争当伟大理想的追梦人,争做伟大事业的生力军。

其次要勇做"学术名师"。面临"世界怎么了""人类向何处去"的时代之题,广大教师要坚持把马克思主义基本原理同中国具体实际相结合、同中华优秀传统文化相结合,立足中华民族伟大复兴战略全局和世界百年未有之大变局,不断推进马克思主义中国化时代化。要以中国为观照、以时代为观照,立足中国实际,解决中国问题,不断推动中华优秀传统文化创造性转化、创新性发展,不断推进知识创新、理论创新、方法创新,使中国特色哲学社会科学真正屹立于世界学术之林。尤其是从事哲学社会科学研究的教师群体要做到方向明、主义真、学问高、德行正,自觉以回答中国之问、世界之问、人民之问、时代之问为学术己任,以彰显中国之路、中国之治、中国之理为思想追求,在研究解决事关党和国家全局性、根本性、关键性的重大问题上拿出真本事、取得好成果。要发挥哲学社会科学在融通中外文化、增进文明交流中的独特作用,传播中国声音、中国理论、中国思想,让世界更好读懂中国,为推动构建人类命运共同体作出积极贡献。

再次要誓做"厚德仁师"。正如习近平总书记所言,教育是一门"仁而爱人"的事业,有爱才有责任。广大教师要严爱相济、润己泽人,以人格魅力呵护学生心灵,以学术造诣开启学生智慧,把自己的温暖和情感倾注到每一个学生身上,让每一个学生都健康成长,让每一个孩子都有人生出彩的机会。古人常言"春风化雨",作为大学教育环境中至关重要的因素,人特别是教师的作用极其关键。此间的"化",指的就是通过教师的言传身教,实现学生良知的觉悟、人格的唤醒,换言之即"教以言相感,化以神相感"。倘若教师本身没有那种精神境界,就不可能发生该作用,假如有了那种精神境界,就自然而然地发生该作用。因此老师应该有言为士则、行为世范的自觉,不断提高自身道德修养,以模范行为影响和带动学生,做学生为学、为事、为人的大先生,成为被社会尊重的楷模,成为世人效法的榜样。

一言以蔽之,广大教师要成为青年学子的信仰导航员、学术领路人和德行示范者,惟有绵绵用力,久久为功,方能不负使命、止于至善。

主要参考文献

《习近平谈治国理政》第一卷,外文出版社 2018 年版。

《习近平谈治国理政》第二卷,外文出版社 2017 年版。

《习近平谈治国理政》第三卷,外文出版社 2020 年版。

《习近平谈治国理政》第四卷,外文出版社 2022 年版。

习近平:《在纪念孔子诞辰 2565 周年国际学术研讨会暨国际儒学联合会第五届会员大会开幕会上的讲话》,人民出版社 2014 年版。

习近平:《在哲学社会科学工作座谈会上的讲话》,人民出版社 2016 年版。

习近平:《在庆祝中国共产党成立 95 周年大会上的讲话》,人民出版社 2016 年版。

习近平:《决胜全面建成小康社会,夺取新时代中国特色社会主义伟大胜利——在中国共产党第十九次全国代表大会上的报告》,人民出版社 2017 年版。

习近平:《论党的宣传思想工作》,中央文献出版社 2020 年版。

习近平:《在庆祝中国共产党成立 100 周年大会上的讲话》,人民出版社 2021 年版。

习近平：《论中国共产党历史》，中央文献出版社 2021 年版。

习近平：《高举中国特色社会主义伟大旗帜，为全面建设社会主义现代化国家而团结奋斗——在中国共产党第二十次全国代表大会上的报告》，人民出版社 2022 年版。

本书编写组：《党的二十大报告辅导读本》，人民出版社 2022 年版。

《中共中央关于党的百年奋斗重大成就和历史经验的决议》，人民出版社 2021 年版。

本书编写组编著：《〈中共中央关于党的百年奋斗重大成就和历史经验的决议〉辅导读本》，人民出版社 2021 年版。

中共中央宣传部编：《习近平总书记系列重要讲话读本（2016 年版）》，学习出版社、人民出版社 2016 年版。

中共中央文献研究室编：《习近平关于社会主义文化建设论述摘编》，中央文献出版社 2017 年版。

中共中央文献研究室编：《习近平关于社会主义政治建设论述摘编》，中央文献出版社 2017 年版。

中共中央党史和文献研究院编：《习近平关于网络强国论述摘编》，中央文献出版社 2021 年版。

责任编辑：翟金明

封面设计：姚　菲

图书在版编目（CIP）数据

从文明古国迈向文化强国/王学斌 著. —北京：人民出版社,2023.2
　（2023.6 重印）
ISBN 978－7－01－025350－3

I.①从… Ⅱ.①王… Ⅲ.①中国特色社会主义-文化事业-研究　Ⅳ.①G12

中国版本图书馆 CIP 数据核字（2022）第 251195 号

从文明古国迈向文化强国

CONG WENMING GUGUO MAIXIANG WENHUA QIANGGUO

王学斌　著

人民出版社 出版发行
（100706　北京市东城区隆福寺街 99 号）

中煤（北京）印务有限公司印刷　新华书店经销

2023 年 2 月第 1 版　2023 年 6 月北京第 4 次印刷
开本：710 毫米×1000 毫米 1/16　印张：13.75
字数：148 千字

ISBN 978－7－01－025350－3　定价：39.00 元

邮购地址 100706　北京市东城区隆福寺街 99 号
人民东方图书销售中心　电话（010）65250042　65289539